安婷總經理雅賞

Liang
永梦

2020.4.6

梁永斐書藝創作集

Liang Yung-Fei <Calligraphy Art Unbounded Part 2>

（II）

序

梁永斐

書藝無畔（II）

Liang Yung-Fei

<Calligraphy Art Unbounded Part 2>

蔡副院長其昌序—
書畫合一、開展新風

永斐受邀至國立臺北科技大學藝文中心書藝個展，此次展出是為懷念感恩去年逝世的父親梁昭連先生及已故水墨書畫大師李奇茂教授，其父親辛勤務農，艱苦培育子女，雖長年在北部服務公職，但一有時間定回屏東老家陪伴雙親，實屬難得；而李奇茂大師與永斐是書畫同好，相知相惜，亦師亦友，生前相聚常無所不談，是忘年之交，「書藝無界」四字是李大師生前為新專輯的題字，為感念李大師，這本新專輯特命名為《書藝無界II》。

永斐服務公職三十餘年間，在公餘之暇，勤奮創作不輟，至今已完成十一個縣市十三場次的全國書藝巡迴展，首次至大學展出，而其書法功力的紮實功夫，係從歐陽詢的楷書、黃山谷、米芾及二王的行草、張遷碑及四頌(石門、西狹、封龍山、郙閣)等隸書、吳昌碩的篆書及西周金文當中，奠下深厚基礎。另為有所創新及突破，更利用公餘大量閱讀藝術書籍，加強對東西方藝術家作品風格的研究，並潛心研讀佛經，對於萬物感悟更加靈敏，飽含充沛創作能量，另其將傳統書法經由多層次的書寫，結合彩墨技法蛻變成畫，突破書法與藝術的傳統界線，方能在書畫藝術上迭有突破，已達「書畫合一」的境界，更開創了獨特的新風格。

欣見永斐推出他的第九本專輯《書藝無界II》，從本書作品可看出近年來的創作從傳統化為形韻，形韻成為蛻變，蛻變轉化為繽紛，繽紛昇華為無界的過程，內容系統完整，精緻新穎，讀者若能細細的賞析，定是豐富的藝術之旅。

立法院副院長 蔡其昌

推動校園美感教育 齊心形塑品德教育

國立臺北科技大學　王錫福校長

錫福自107年2月上任以來，致力推動「健康智慧的綠色校園」、「多元創新的學習環境」、「全人發展的孕育搖籃」、「務實導向的產學研發」、「深耕學研的國際交流」、「團結友善的行政團隊」六大面向。然「十年樹木，百年樹人」教育是國家發展良窳之關鍵，近年來品德教育更是在教育改革反省思潮中，漸獲垂青並引為各級學校重要核心問題。一所偉大的大學，必然以學子為主體，推動校園美感教育、形塑品德教育，營造良好無虞之學習空間，讓學子們在五育均衡的校園中全人發展，即是臺北科大的首要目標。

國父紀念館梁永斐館長，近四十年服務於教育與藝文界，成就斐然，卓越貢獻有目共睹，又推動書法美學教育之信念與本校治校理念不謀而合，2020年先生特別撥冗協助舉辦「梁永斐書藝創作展」，精選數十件作品蒞校—藝文中心濟慶館展出，並特別捐贈鍾愛作品「日耀群林。錄自唐懷仁聖教序集聯」，行書一件，60x60公分，做為國立臺北科技大學永久典藏作品，以為百年樹人美感教育之根基，館長致力培育國人美感教育之精神，令人感佩，錫福謹代表校方深深致意。

梁館長自民國一〇〇年開始，至臺灣各縣市文化單位及大學舉辦個人書畫巡迴展，推動文字美學的初心令人敬佩!他數十年如一日，清晨即起創作，作品亦是他個人最佳側寫，「惜緣」、「實踐」、「領悟」、「感恩」特質遊走他筆下線條與色調間，畫作既富詩意且具禪意，優游自然地流露創作者親善、心性自然謙沖、寡欲的一面。

此次展示作品顯示書畫家領悟東西方藝術精隨，公務之餘飽覽中外詩書、名著與名畫，如此深厚文化底蘊奠定他創新動力強韌的根基，加上熱衷創作，造就先生在當代書法史上別於學派，獨樹一幟的風格。他的現代書法亦是圖變，將書法圖像化，打破傳統創作窠臼，求新求變。由於深黯結構點、線、面，營造作品所需之形、神、韻，「一花一世界、一葉一如來」於是乎就在每一次的創作中纖細地牽動線條、灑曳繽紛色彩，成功地創造作品和諧靈氣，觸動心靈深處感動。

相信藉由這次藝術個展，可提供青年學子們一個優質的人格品德教育環境，將校園美感教育潛移默化的深植於他們心中。再次感謝永斐館長於初春之際為臺北科大帶來這難得的藝術饗宴。

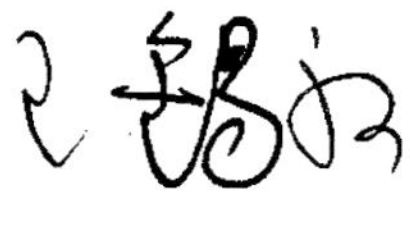

梁永斐的現代書法「圖變」

廖新田/國立歷史博物館館長

2018年，我以〈書藝的常與變—梁永斐的現代書法〉一文(刊於《梁永斐現代書藝創作集》)，藉由梁永斐的現代書藝探討書法的「常」與「變」的辯證關係。我試圖論證：如果「出新意於法度之中，寄妙理於豪放之外」是書畫藝術被讚許的理念，或我們熟知的「苟日新，日日新，又日新」是如此地具上進積極的豪情，那麼書法的創新與實驗應該就要視為常態(我也常常喜歡以程顥的〈秋日偶成〉詩作：「道通天地有形外，思入風雲變態中」來印證「形外變態」的大作用)。換言之，所有的藝術創作都應該有變革的DNA才是。藝術創作不需要所謂的「離經叛道」這種教條而僵化的想法。藝術思變、也善變：藝術能否感動人、能否偉大、能否成為經典，則交由歷史、社會、藝術世界(以及「謬思」諸神)來做最終的判決，創作者儘管追隨自己內在的聲音與動力盡情表現、享受樂趣，無須瞻前顧後、躊躇不前。畢竟，創作要先能感動自己，再來感動他人。

在那篇文章中，我指出書法的「圖變」(與「突變」同音，因此有雙關語的暗示)，即書法的圖像化，是戰後台灣現代書法的嘗試主流，藉由向圖像靠攏，或更精確地說，結合圖像來突破文字的限制、擴大書寫的可能性，甚至和設計、流行文化、展示環境、表演藝術、跨媒材的合作，開展書法的可能性、開發書寫藝術的潛能。更重要的，將現代的視野融入這個古老的藝術形式裡與時俱進。有這麼一種看法：水墨畫家兼書家往往較有圖像化書法的傾向，因為他們的造型訓練與筆墨工夫之故；純書家沒有圖像化書法的可能，而僅走純粹書寫的路徑。雖有幾分道理，但往往有例子反駁這樣的區別，因為很多水墨畫家的款識很多只當作純粹文字的記述，部份原因是不能「以文害圖」—在水墨作品中書法不能搶圖畫的風頭，必須是附屬的位置。同樣的，純以書寫構成畫面者，仍然可以經由放大縮小、切割組合、色彩化及構成設計等等手法達到圖像化的目的，沒有具體形象描繪，仍然有圖像化的精神，我稱之為「圖變」。「圖變」雖然不是寫實，但其象徵手法卻頗能符合水墨畫中抽象的表現，呼應皴法、暈染、佈白的理論與美學要求，因此表現起來一點也沒有扞格的違和感，反而有種文人「游於藝」的小小趣味，應該是說：現代文人的另類現代「輕」玩味、「微」品味。書家能不能「賞玩」水墨畫？上述這條理路說明是可能的，而且是有表現性的。

從這個角度來看梁永斐的現代書法，筆者發現他正在「突變/圖變」中，且逐漸自成一格，走出自己的路來，頗為自得其樂而樂此不疲。繞過寫實的圖像而以文字、線條、組合、濃淡、填彩等等作法讓畫面有筆墨線條及佈白的套路，因此是具有傳統承載的，但又是十足的現代呈現。他的目的不是直指文字自身，而是藉由書寫經驗來表達「以手指月並非月」的字身書寫經驗與藉由此經驗所要蛻變的書寫新天地：那種提按快慢、濃淡乾溼、起承轉合、計白當黑⋯模糊了書法或水墨畫中的圖文關係，也創新了書法藝術的圖文關係。非文字化的線條扭轉的抽象畫《故鄉》、《逍遙天地間》，或文字間擠壓至不可辨識的《繁花新境》、《法輪常轉》、《豐收》、《鄉村》（變隸），或取水墨山水長軸格式，有圖有款但其實是毛筆線條的遊戲之作，如《思我故鄉一、二》⋯同樣的一顆月亮，擺在橘紅的波紋（《鴻運當頭》）或隨意的濃淡運筆（《日耀山河》）之上，配上題款，就有了山水的意境提示。這些種種的月亮變奏曲，時而簡單時而複雜、時而嚴肅時而遊戲人間、時而自況時而遣懷，都是他的現代書法實驗場，都是他的長年運思與即興表演兩者交互作用下的結果，有底蘊也有遊戲人間的意味。甚至，藝術遊戲盡興之處，也無須毛筆，原子筆的纏繞線圖，也可成畫。此意「圖」，是現代書法「圖變」。我等拭目以待他的這種書寫「經驗」如何演繹、開展，讓人不斷「驚艷」。

　　看來，他是玩開了！藝術的真諦之一，不就是如此？享受創作的樂趣，分享創作的樂趣。

廖新田

郭董事長國華序—
喜悅贊助、傳承書藝

永斐是我就讀研究所的好同學，字綦巖，一九六二年出身於屏東縣高樹鄉，曾任臺北市立兒童育樂中心主任、臺北市體育處處長、國立中正紀念堂管理處副處長、文化部參事、文化部藝術發展司司長，現任國立國父紀念館館長乙職，

其常年利用公餘之暇，積極持續創作，在這八年間已完成十一個縣市十三場次的全國書藝巡迴個展，也是第一位受邀至國家文官學院個展及發表演講的高階文官，其毅力及精神，實令人佩服，這本命名為《書藝無界II》之專輯，是其第九本專輯，由我贊助印製兩千本，而這「喜悅贊助」的作為，期能達到「傳承書藝」的目的。

一、喜悅贊助

在這八年間，永斐共出版了九本專輯，除了第二本是其國中同學贊助外，其餘皆是由本人贊助。為鼓勵年輕的學子，我也辦理了十幾屆「夆禾杯」全國學生的室內設計比賽，期望這小小的贊助，能化為淺淺的水，細細流，讓更多的企業能投入文化藝術教育的贊助，而這「贊助」是一種分享、是一種喜悅、是一種良善，也是一種投資，更是一種責任。永斐的作品，除了捐贈公益活動進行義賣外，在外的作品十分少，其作品深具潛力，亦是值得投資的績優股，我將與他同行，永續贊助，共同用行動來「分享美學」、「創造價值」及「利益眾生」。

二、傳承書藝

永斐的作品從「書有法」突破至「書無法」，也從「傳統書法」轉化為「繽紛書藝」，更蛻變到「書藝無界」的境界，除了自幼習字，基本功夫紮實外，更深入研究了西周金文及西方藝術家的特色，創作出以「東方藝術為主，西方藝術為輔」深具獨特風格及特色的作品，這種「中西合體」、「融合創新」的作為，實屬不易，而其作品也非常適合運用在建築設計、室內設計及文創商品上，因此，本人亦挑選其作品，製作以「喜樂」、「圓滿」、「夆禾」、「昌吉」為名的杯子，頗獲好評及肯定。另永斐也免費授權其「大望小望」、「鈞字組合」、「大人物面具」、「盟字之舞」、「喜樂君子」、「喜事連連」及「慶豐年」等七幅作品作為建案接待中心布置陳設，先前也已提供數個建案室內設計的需求，透過這種跨界的結合，讓書藝文化更能貼近生活，也期望盡到「傳承書藝」的一份小責任。

《湖濱散記》乙書之作者梭羅曾說過：「我走進樹林，因為我想要從容的活，只要面對生命的本質，看看我能不能學到它要教會我的東西，而不是到了行將就木之際，發現自己一生白過」。期盼我們共同「惜緣中造福」、「實踐中反省」、「領悟中精進」、「感恩中謙卑」，持續共同為推動文化教育努力。專輯將出版，特撰此序祝賀。

郭國華

父親一生榮耀了我們

～以這本專輯憶念父親

每一個人不能選擇他出生的家庭，只能用自己的勤奮、堅毅、不服輸的個性去接受挑戰及超越，父親梁昭連先生就是這樣的一個人。猶記得小時候，上一代欠人家錢，伯父及父親皆要負起「父債子還」的責任。當時努力種田收成時，這些債主皆會親自來討債，皆站在三合院中，當稻米與黃豆曬好、整理好，就直接被載走，只留下二、三袋給我家使用，當時吃的飯皆是米加甘薯簽，家人也會去撿甘薯或黃豆來貼補家用，因有債務要還，三個孩子也漸成長，需賺更多錢來還及培育子女，父親白天工作外，晚上還去「巡田水」，賺取外快。當時年輕，日夜工作，咬緊牙根，從無怨言，用自己的行動，踏踏實實去做好每件工作，賺取應賺取的錢，養育子女，這是一種責任，是一種慈愛，更是一位勇者。

父親的一生辛勞培育我們，曾在民國92年及民國102年兩次榮獲高樹鄉模範父親的殊榮，可見其教育子女有成，讓身為子女的我們深深感受到他的品格與愛，並影響了我們的未來，我們以父親為榮，父親是我們共同的驕傲。

數十年的因緣相聚，我們深受父親的影響，我靜觀體悟父親的一生，則可以用「和」、「孝」、「勤」、「義」四字做為他一生最佳的詮釋～

一、和

父親每逢過年要我寫春聯時，囑咐我一定要寫一對春聯貼在家中楊桃樹入口的門，春聯的內容是～「天泰地泰三陽泰，家和人和萬事和」，橫聯是「三陽開泰」，並常告知我們「家和萬事興」的道理，父親處事一切以「和」為貴，生活上尊天敬地，崇德作樂，天地人三才，人居其中，應與萬物合作、共生、共榮、用感恩的心面對一切。

二、孝

百善孝為先，孝順是身為人很重要的價值，父親一生侍奉雙親無微不至，猶記得外婆及祖母生病時，父親皆盡其所能醫治。父親這種身教典範，深深影響到子女，我們也會將「孝」的實踐傳承給下一代。

三、勤

「勤」字是父親一生的寫照，「勤務農，慶豐收」，每當到農忙時節，皆會看到雙親與好友們一起務農的情景，共同討論與交換彼此耕種的寶貴經驗，叼著煙，飲著酒，拉著胡琴齊唱客家山歌，晚風清涼徐徐吹來，這種農收的聚餐，是一種情，是一種美，是一種善，更是「一分耕耘，一分收穫」的最佳寫照，也驗證了「一勤天下無難事」這句嘉言。

四、義

朋友之間交之以「利」則無法長久，交之以「義」則可以永恆，我父親一生非常重視「義氣」，寧願「吃虧」也不願佔人家「便宜」，村民或朋友的婚喪喜慶皆會主動熱情參與協助，當時家雖清寒，但好友為著子女的註冊費用煩惱時，父親皆能給予最大的資源協助，這種作為是「救急不救窮」、「同理善解」、「濟弱扶傾」的良善作為。

所謂「積善之家必有餘慶」，人的一生短暫亦無常，生命長短我們不能決定、總會終了，但生命的豐厚我們確能透過默照、覺醒、醒悟、徹悟、實踐，真誠用心行善，踏實無悔過每一天，父親就是生命豐厚最佳的實踐者。生生死死，死死生生乃萬物之定律，生也罷！死也罷！來去無牽無掛！父親奮鬥一生，是位堅毅的勇者，恩澤廣被子孫，父親一生榮耀了我們，他已於去年六月乘願由西方三聖迎接至西方極樂世界淨土，我們感恩及祝福父親，並以此書藝專輯憶念父親，在此要感謝立法院蔡副院長其昌的題序及國立臺北科技大學王校長錫福題序，國立歷史博物館廖館長新田的評論及我的同學好友郭董事長國華的贊助及題序，亦要感謝好友廖董事長孟良的贊助，更要感謝已故書畫大師李奇茂教授生前的題字，還有感恩父母親的艱辛培育及家人的支持，專輯才能如期付梓。

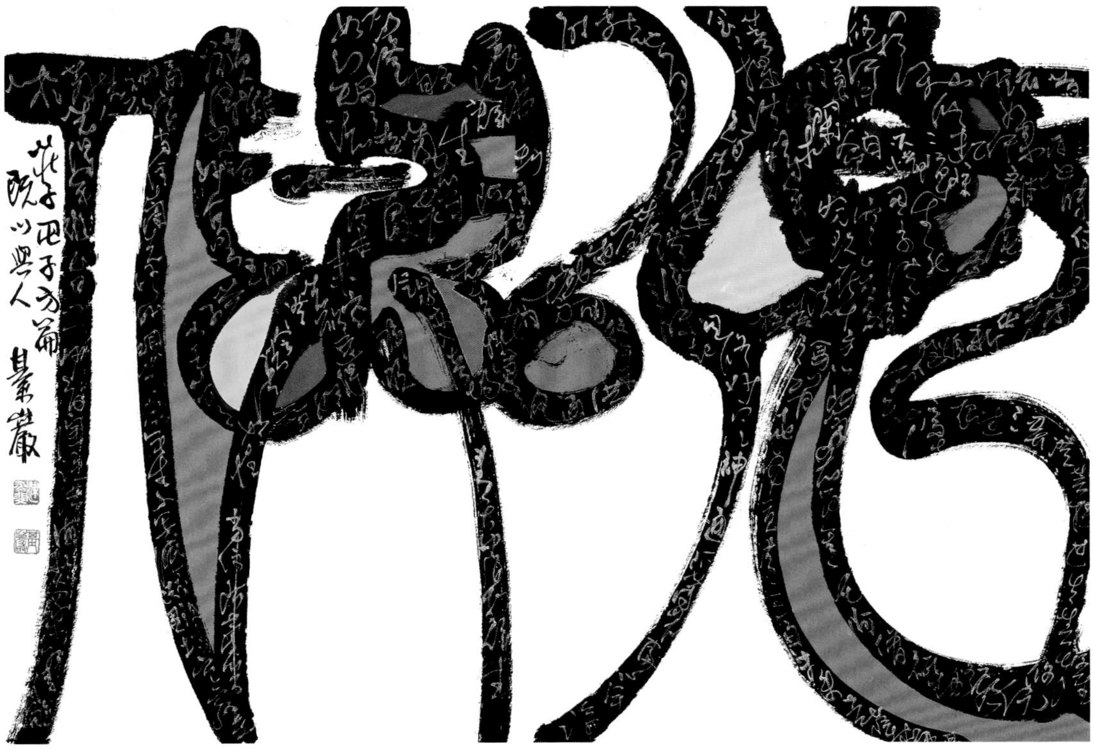

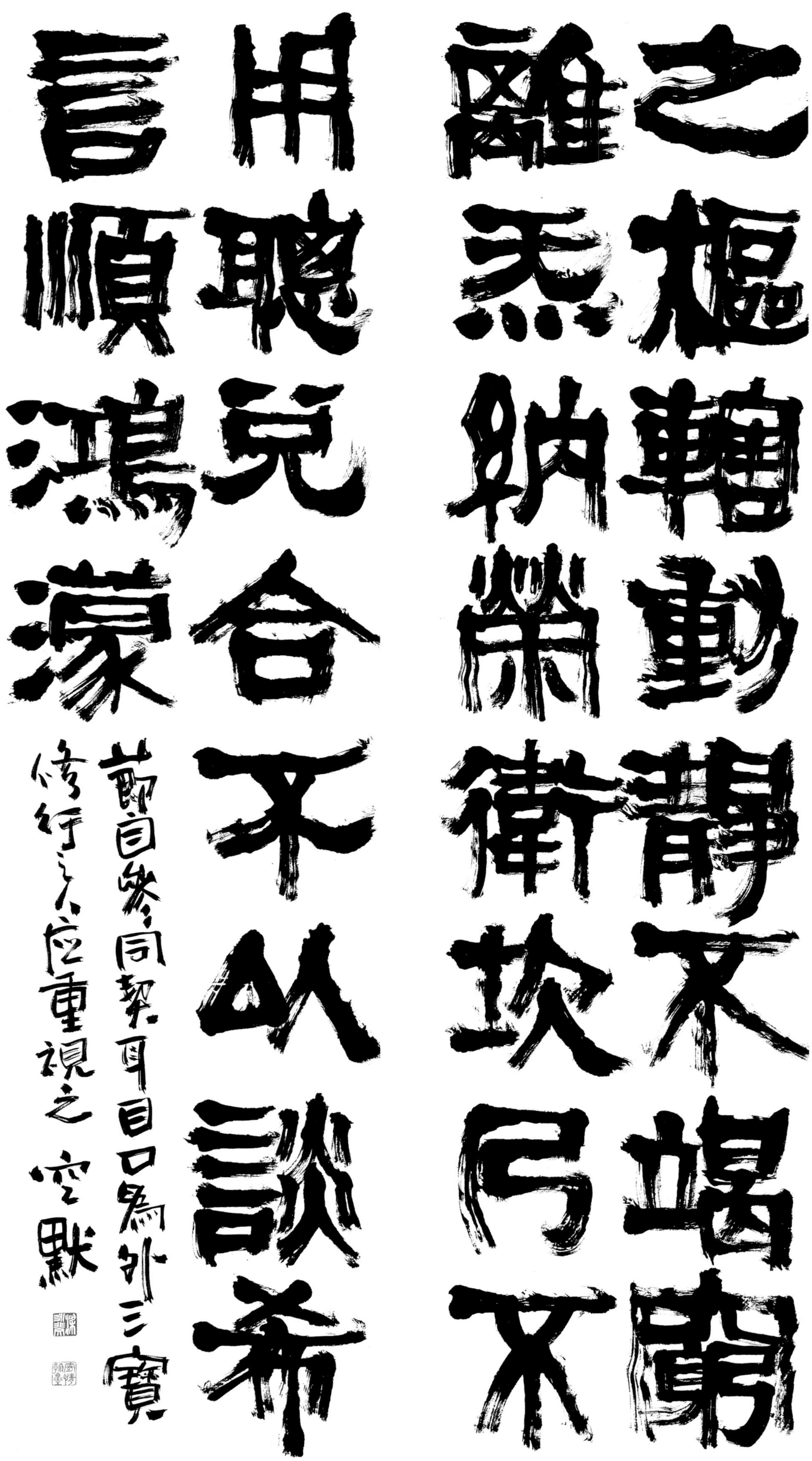
之樞轄動靜不竭窮
離炁納榮衛坎乃不
用聰兌合不以談希
言順鴻濛
節自參同契耳目口爲外三寶
修行之人應重視之
空默

《參同契》隸書四屏 180 × 45 cm × 4

耳目口三寶，閉塞勿發通，真人潛深淵，浮游守規中。旋曲以視聽，開闔皆合同。為己之樞轄，動靜不竭窮。離炁納榮衛，坎乃不用聰。兌合不以談，希言順鴻濛。

耳目口三寶閉塞勿
發通真人潛深淵浮
游守規中旋曲以視
聽開闔皆合同為己

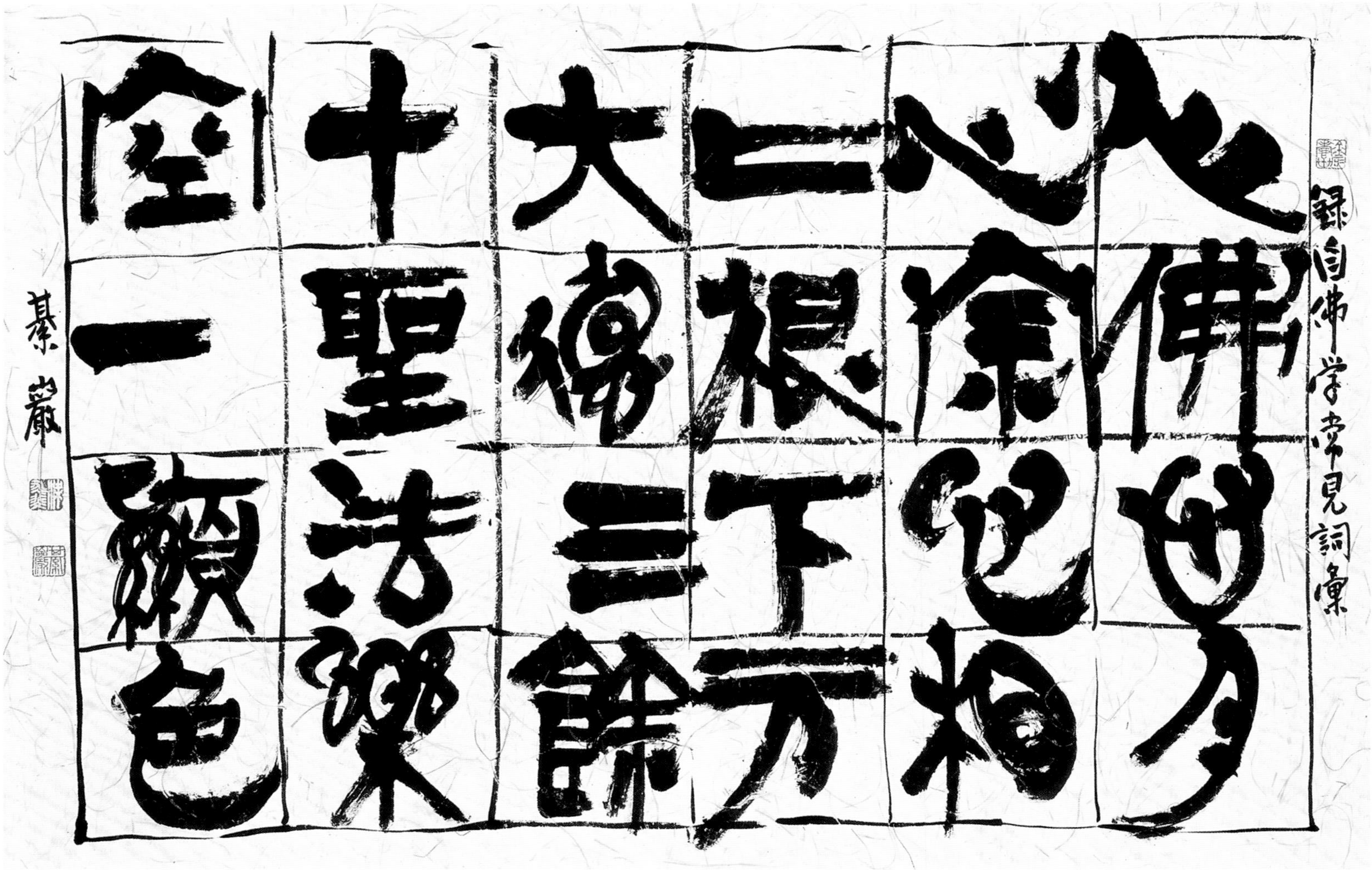

《佛學常見詞彙》隸篆 70 × 100 cm

心佛、心月、心宗、心相、上根、下方、大德、三餘、十聖、法樂、空一、顯色。

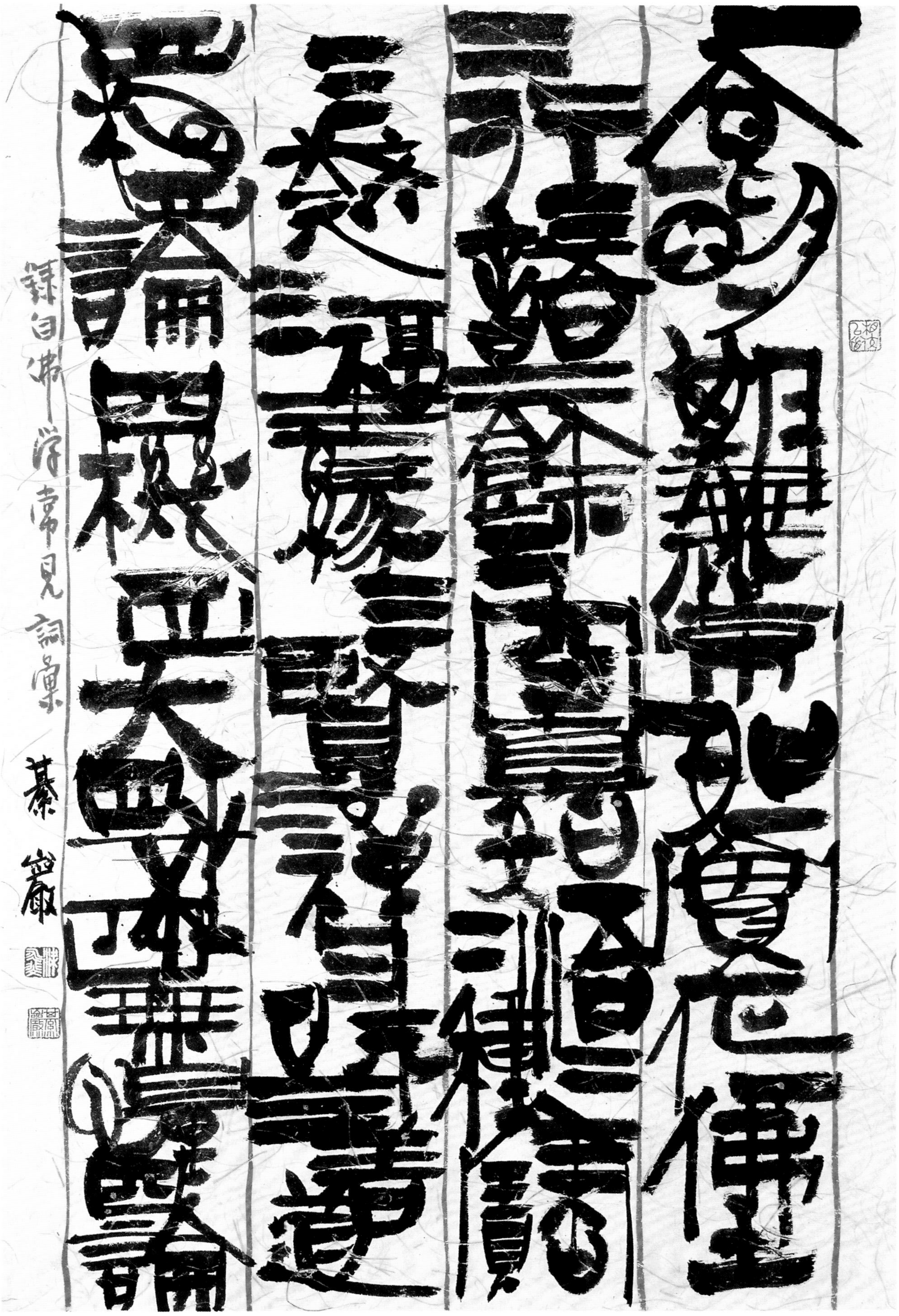

《佛學常見詞彙》隸篆 100 × 70 cm

一食、一明、一期無常、一如、一實、一化、一佛土、二行、二語、二餘、二空真如、二悟、二種三寶、三惑、三福、三緣、三賢、三禪、三昧、三善道、四相、四論、四機、四大、四生、四不、四無量心、四論。

隸書對聯　100 × 23 cm × 2

桂花開時香雪成海　月輪高處廣寒有宮

隸書對聯　100 × 23 cm × 2
力行期自得　奉善以為歸

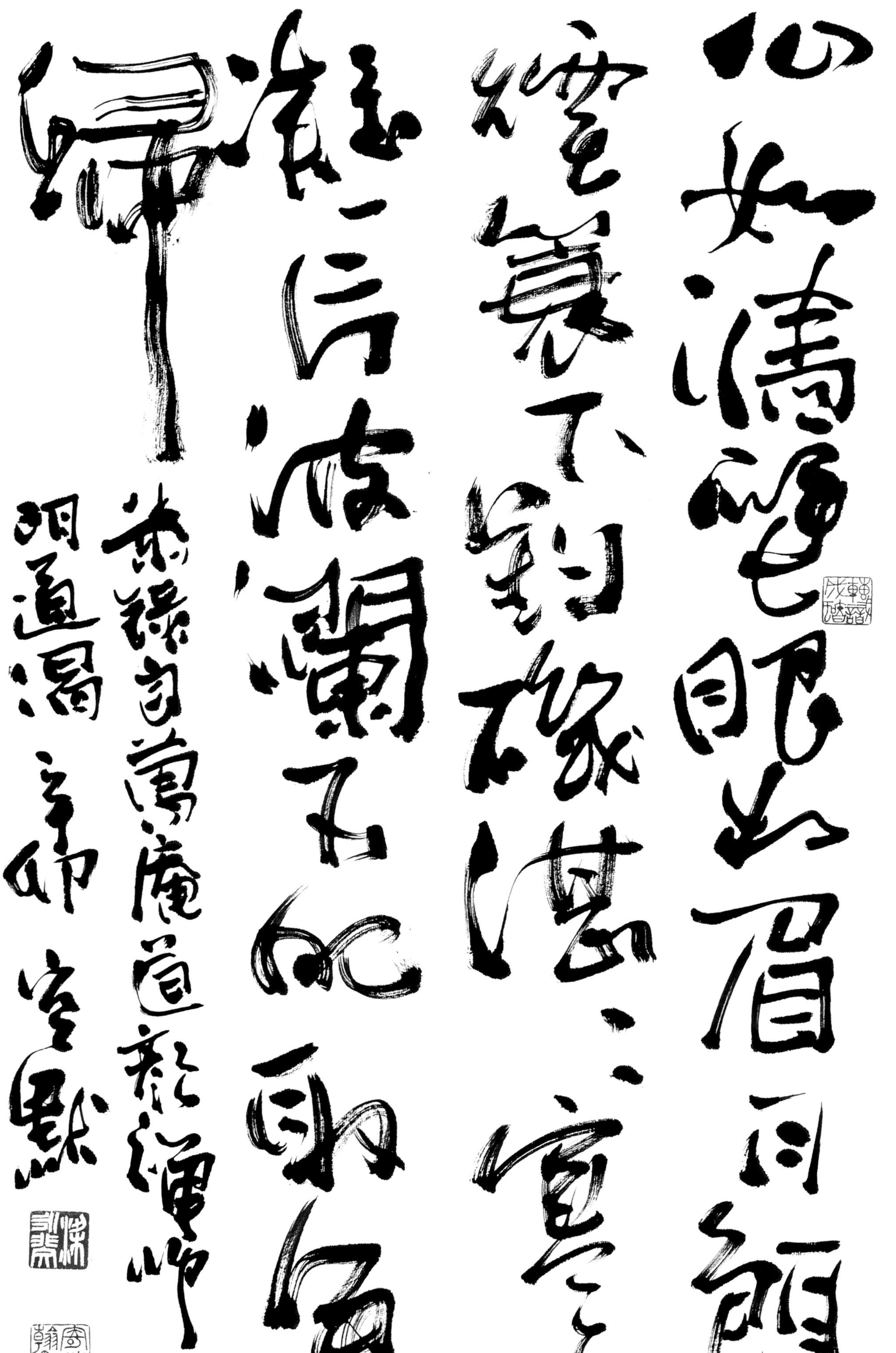

《萬庵道顏禪師明通偈》行書 73 × 45 cm
心如牆壁眼如眉，月餌煙簑下釣磯，湛湛寒光凝一片，波瀾不犯取魚歸。

《妙有》篆書 68 × 63 cm

《左右》篆書 69 × 69 cm

《首的律動》 金文 69 × 69 cm

《無我》金文 94 × 70 cm

《同樂》篆隸組合 90 × 60 cm

篆—同樂

隸—有物有則乃天所與　或清或和以聖為歸

《讀不完的書—佛遺教經》 篆隸組合 69 × 69 cm

若有智慧，則無貪著，常自省察，不令有失，
是則於我法中能得解脫。

《豐收》 金文 69 × 69 cm

《我書樂揚明》金文 83 × 69 cm

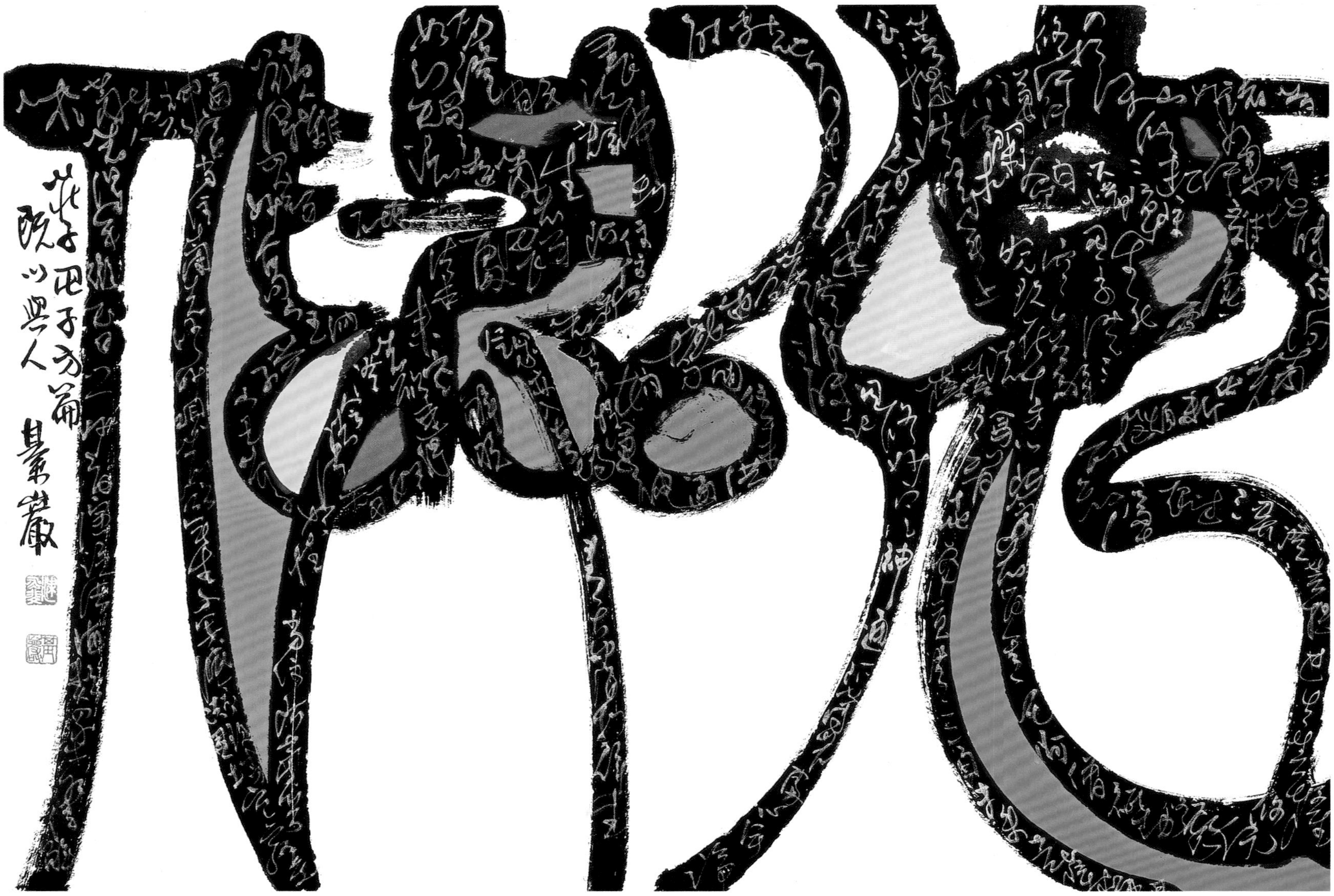

《既以與人》 篆書 48 × 70 cm

《直木先伐》金文 137 × 72 cm

莊子—直木先伐，甘井先竭。

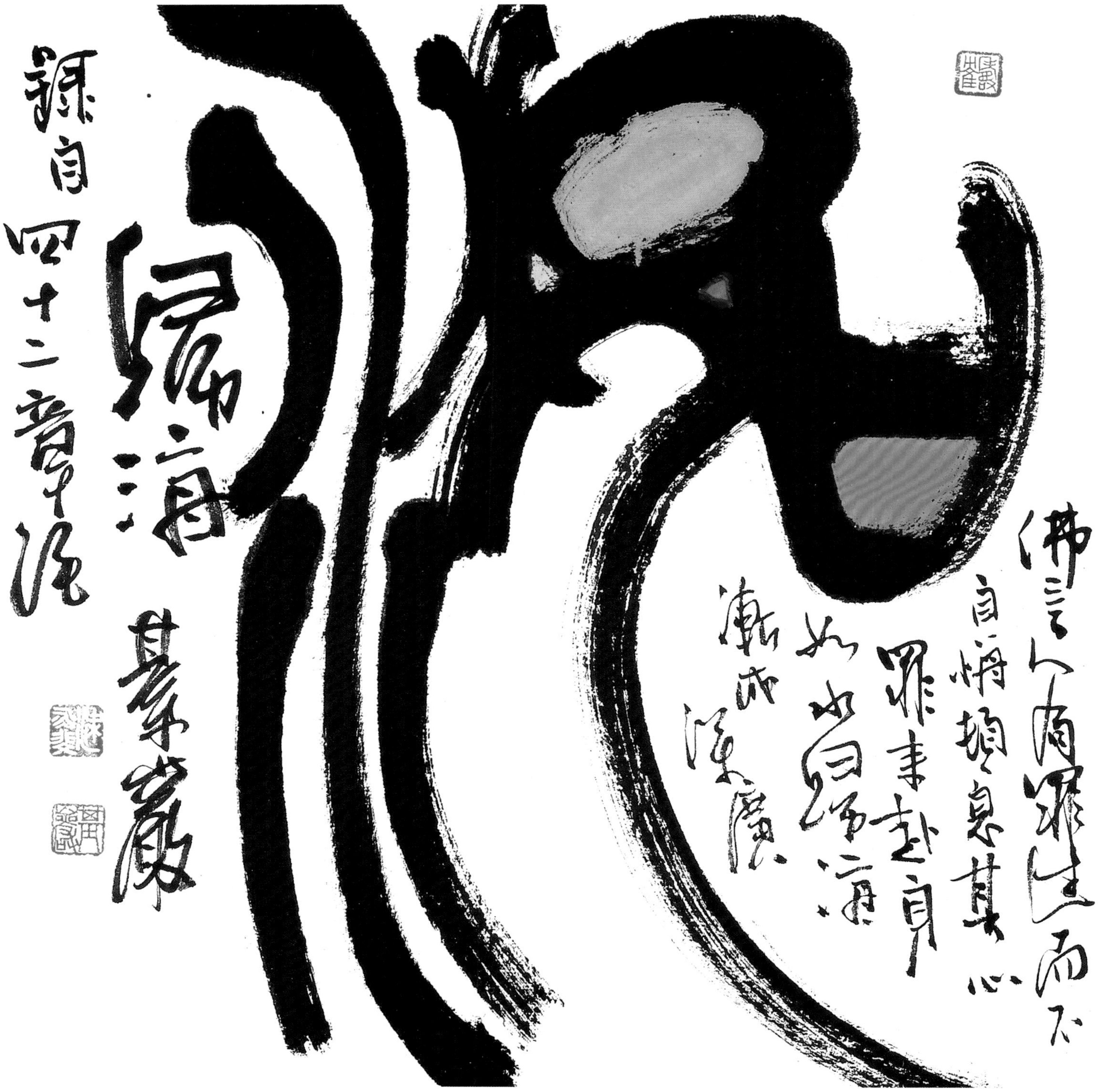

《如水歸海》 篆書、行書組合 35 × 35 cm

佛言：人有罪過，而不自悔，頓息其心，罪來赴身，
如水歸海，漸成深廣。

《我書石鼓文》 篆書組合 83 × 69 cm

日永寫來禽　安車遊四方

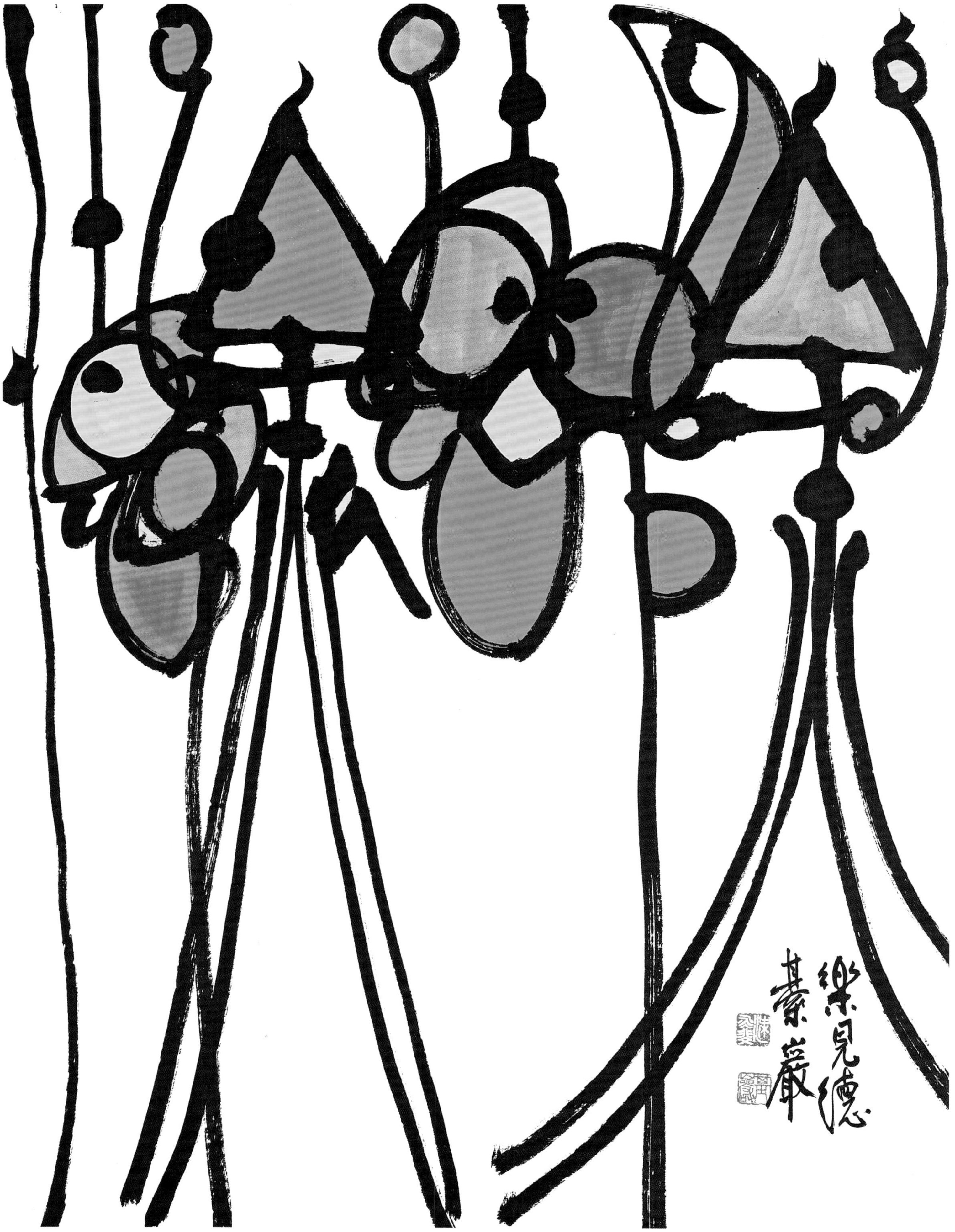

《樂見德》 篆書 70× 60 cm

《明其德顯其能》 金文 60 × 60 cm

《既之舞》 金文篆書組合
69 × 69 cm

《同樂會》 金文篆書組合
69 × 69 cm

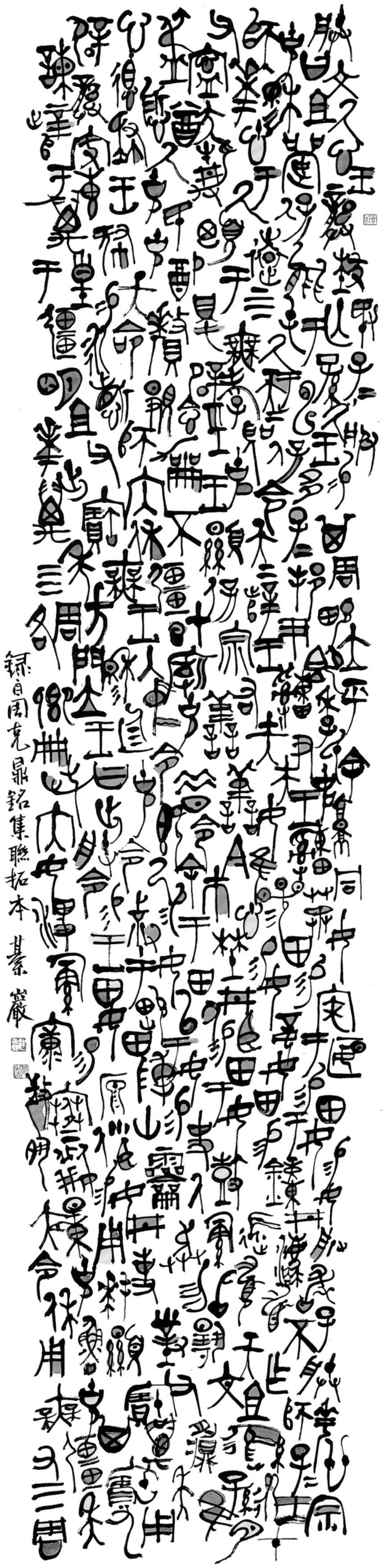

《周克鼎銘集聯》金文 180 × 45 cm

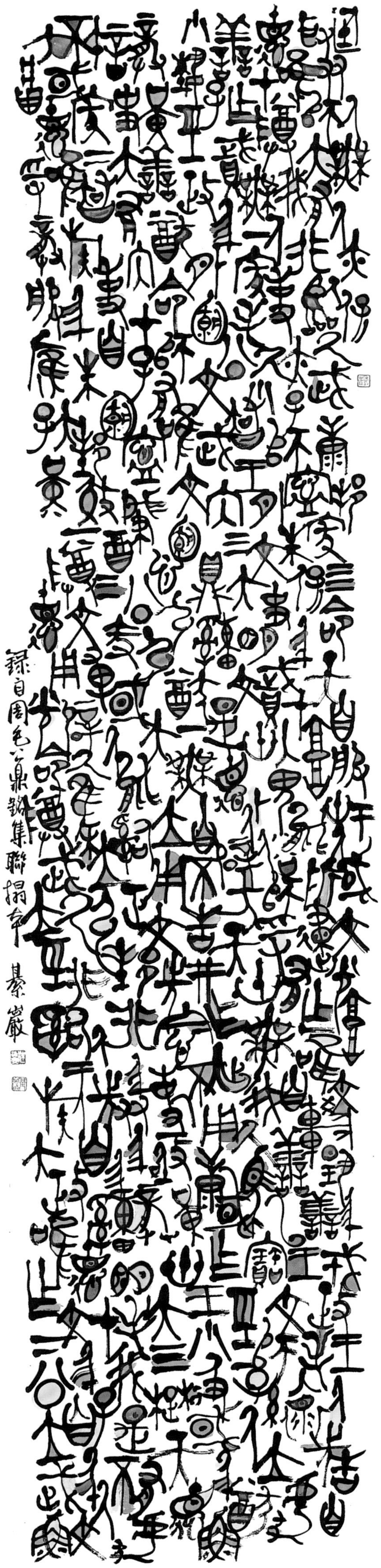

《周毛公鼎銘集聯》金文 180 × 45 cm

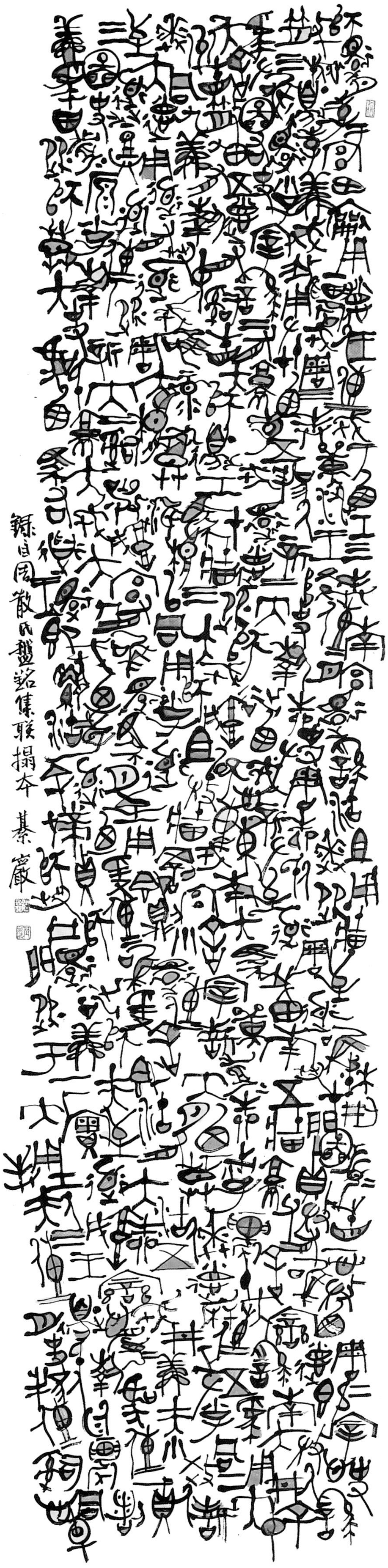

《周散氏盤銘集聯集聯》金文 180 × 45 cm

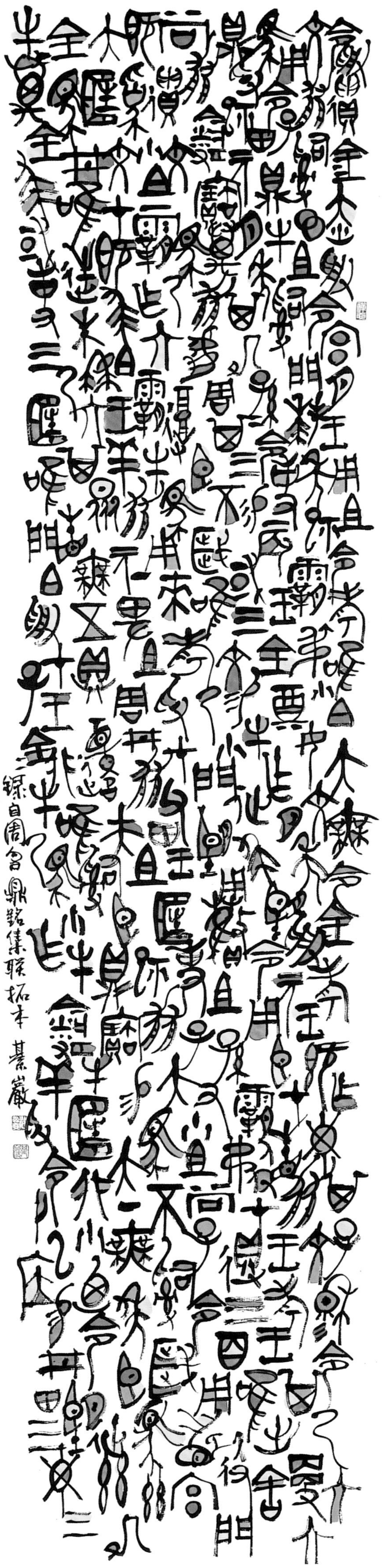

《周曶鼎銘集聯》金文 180 × 45 cm

《深秋》 60 × 60 cm

《夏至》 69 × 69 cm

心遊翠綠山林間　紅花爭豔染大千

細雨無聲潤萬物　煩憂盡忘好時節

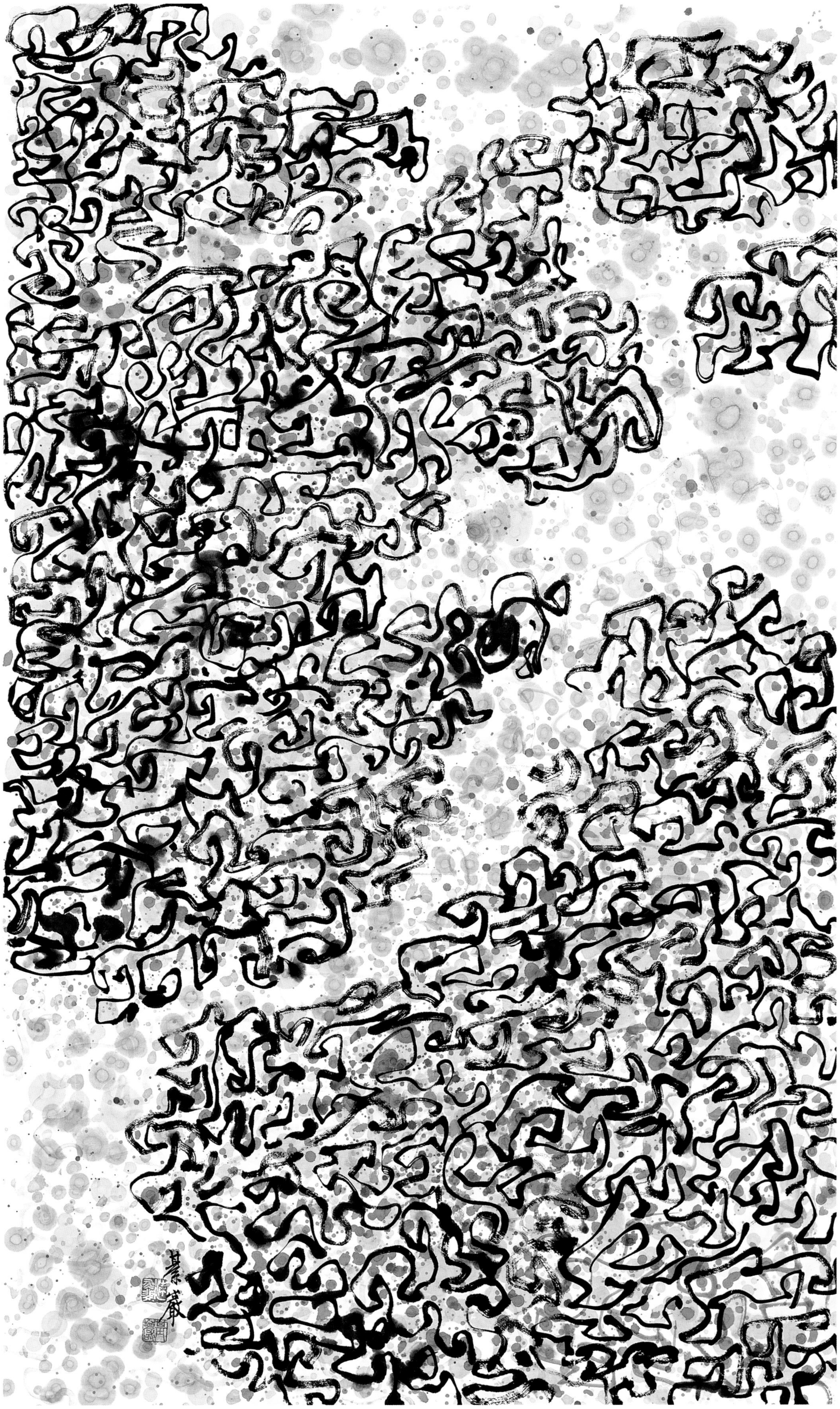

《山海共鳴》 78 × 50 cm

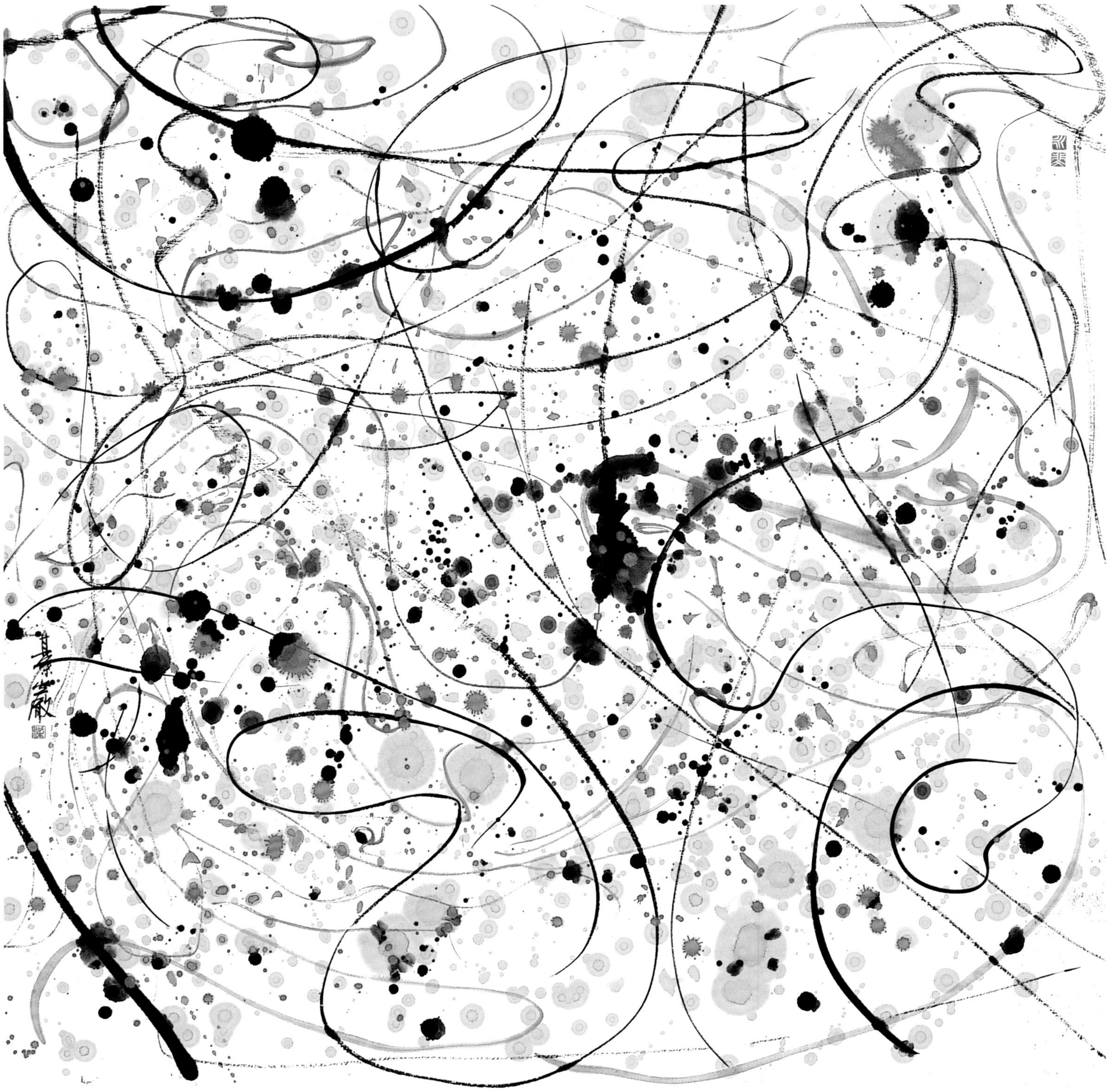

《逍遙天地間》 69 × 69 cm

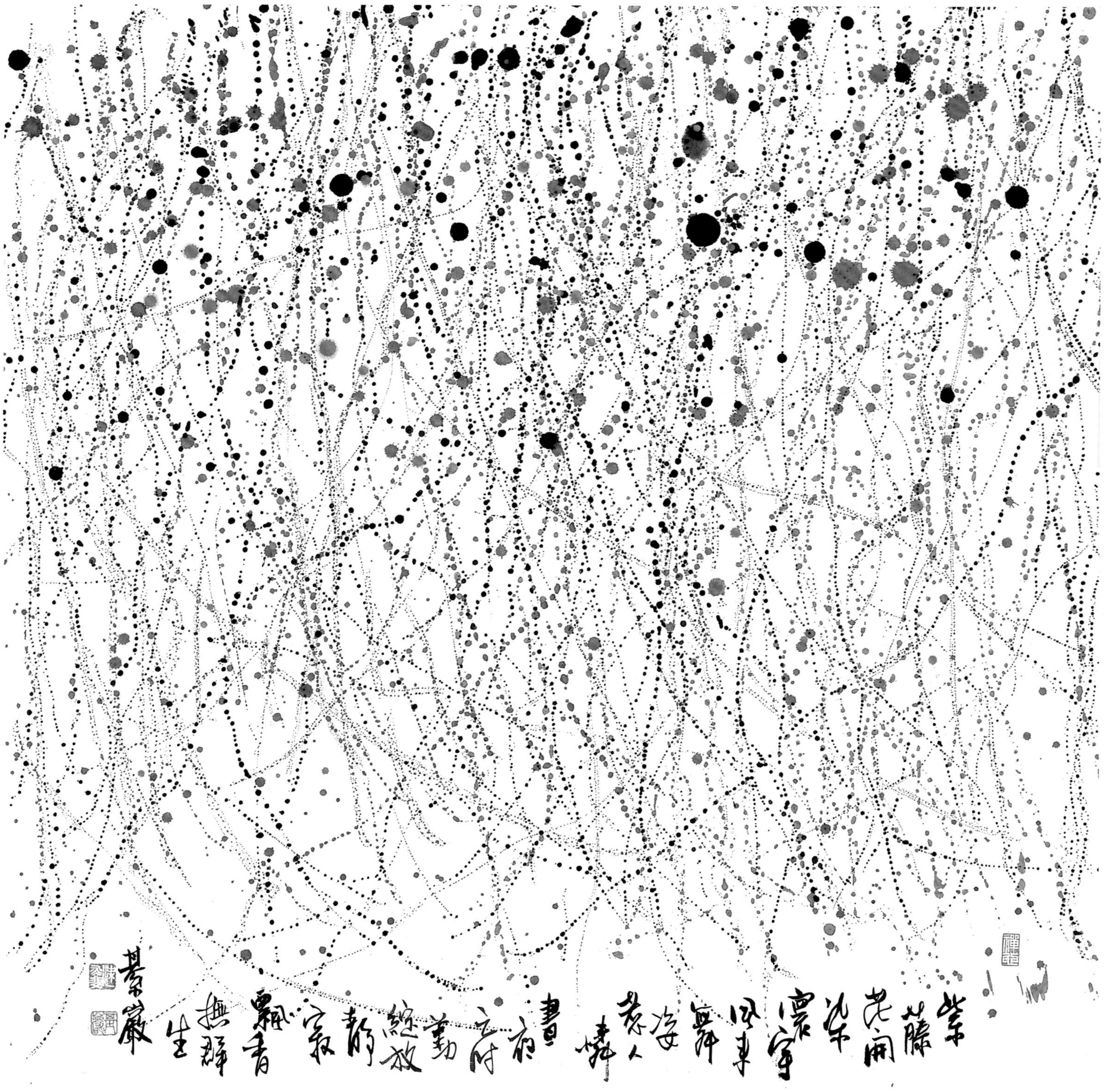

《紫藤飄香》 69 × 69 cm

紫藤花開染寰宇，風來舞姿惹人憐；
晝夜六時勤綻放，靜寂飄香撫群生。

《昇日》 80 × 25 cm

佛說四十二章經—佛言當念身中四大，各自有名，都無我者。我即都無，其如幻耳。

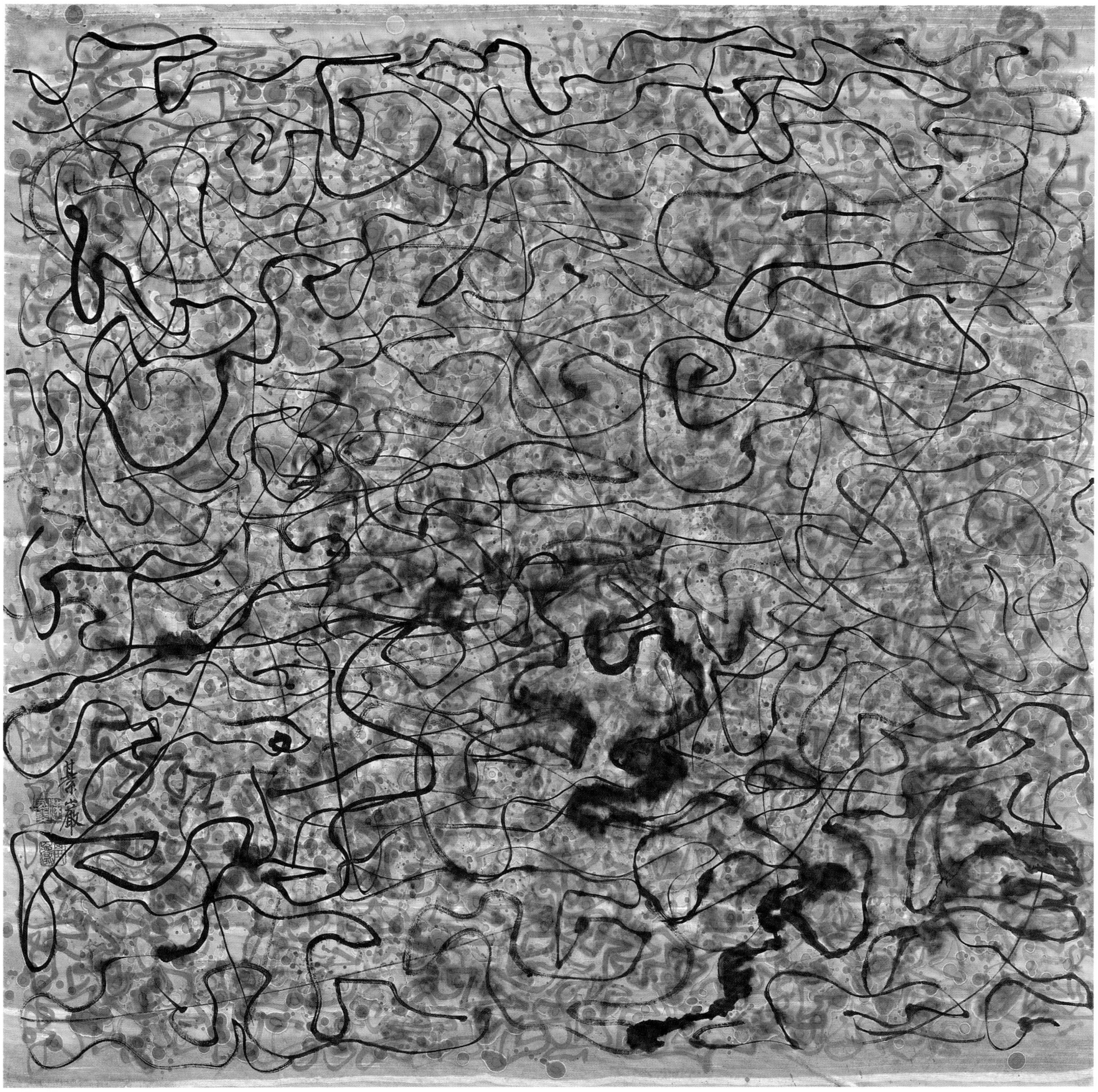

《人間秘境》 60 × 60 cm

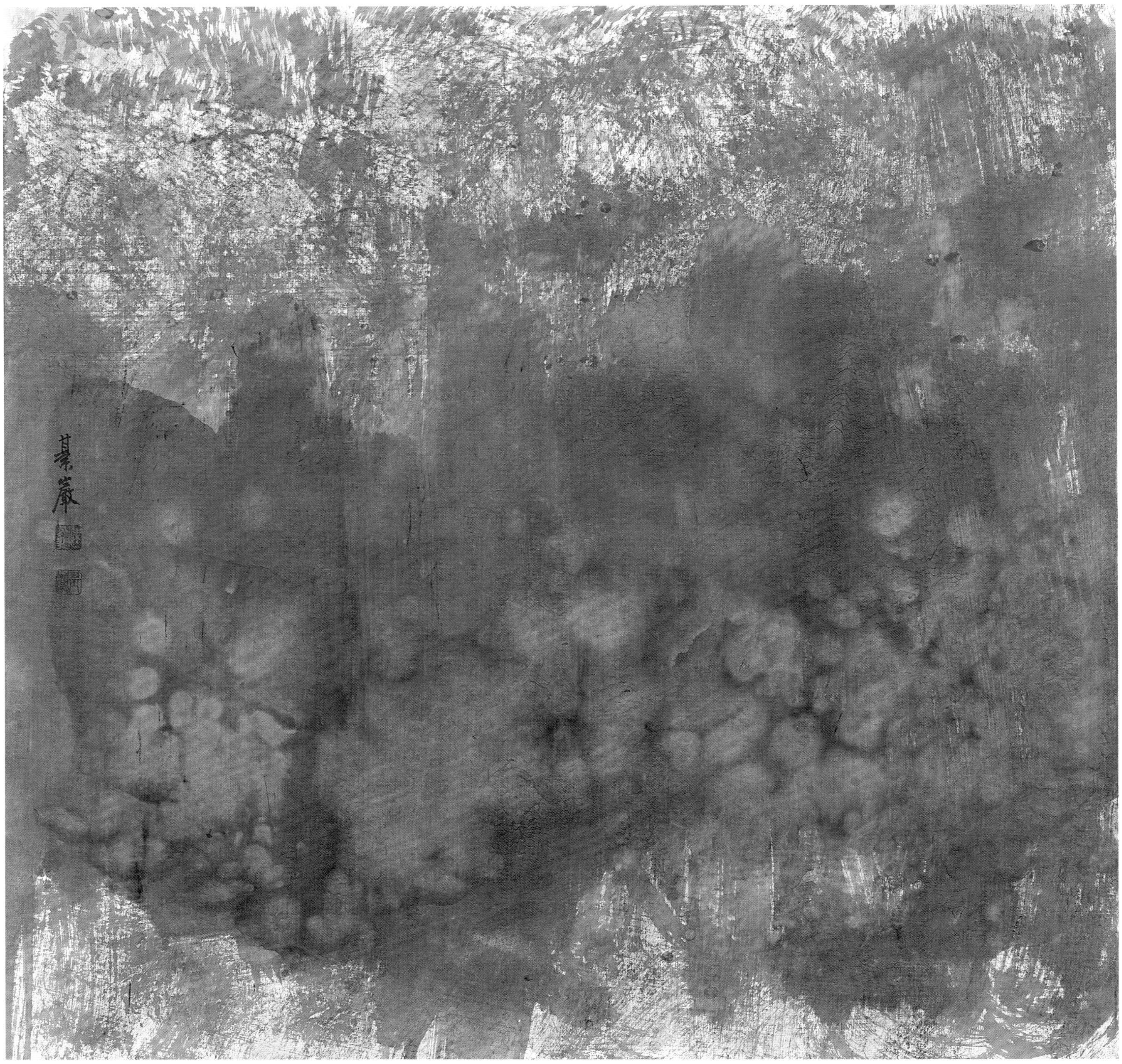

《綠夏》 60 × 60 cm

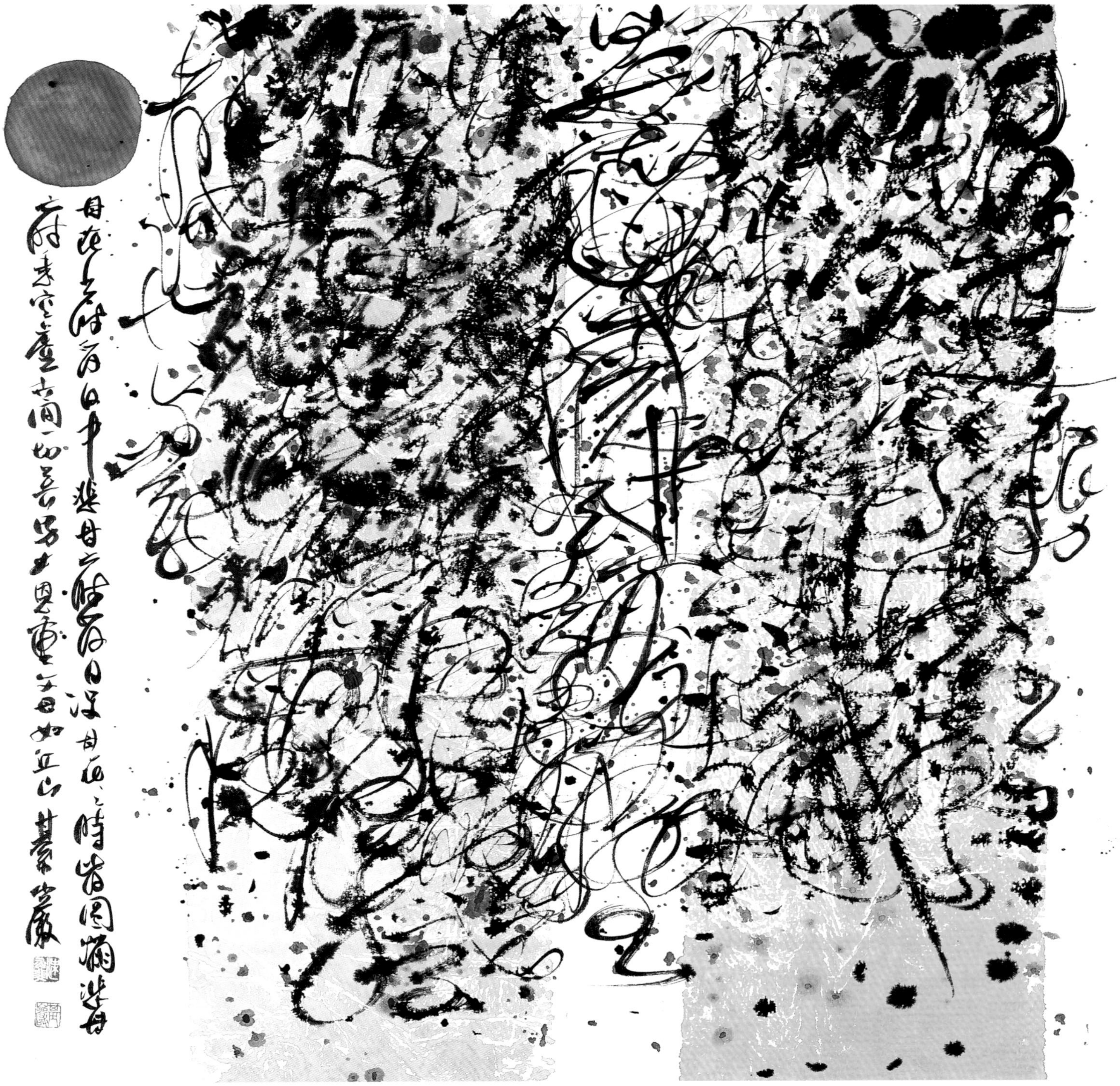

《慈光滿林》 60 × 60 cm

大乘本生心地觀經—母在之時為日中，悲母亡時為日沒；
母在之時皆圓滿，悲母亡時悉空虛；
世問一切善男女，恩重父母如丘山。

《老梅映雪》 行草組合 44 × 88 cm
錄自佛家語

《繁花新境》行書 88 × 45 cm

《湖邊春遊》行書 46 × 90 cm

《暖風入林》行書 60 × 60 cm
錄自唐懷仁聖教序集聯

好窒府祭禪影靜密雨青雨道堂空
高天懷有月十挽清桃色如雲不。
銀白唐懷心聖教序集聯廿素嚴松

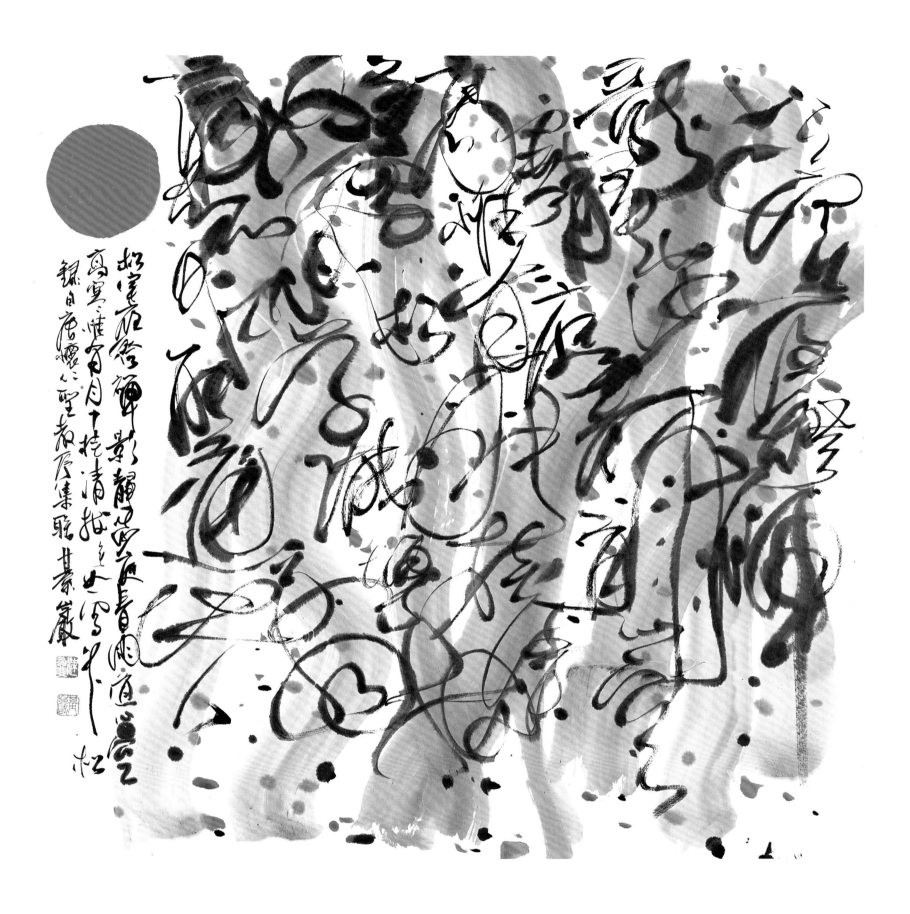

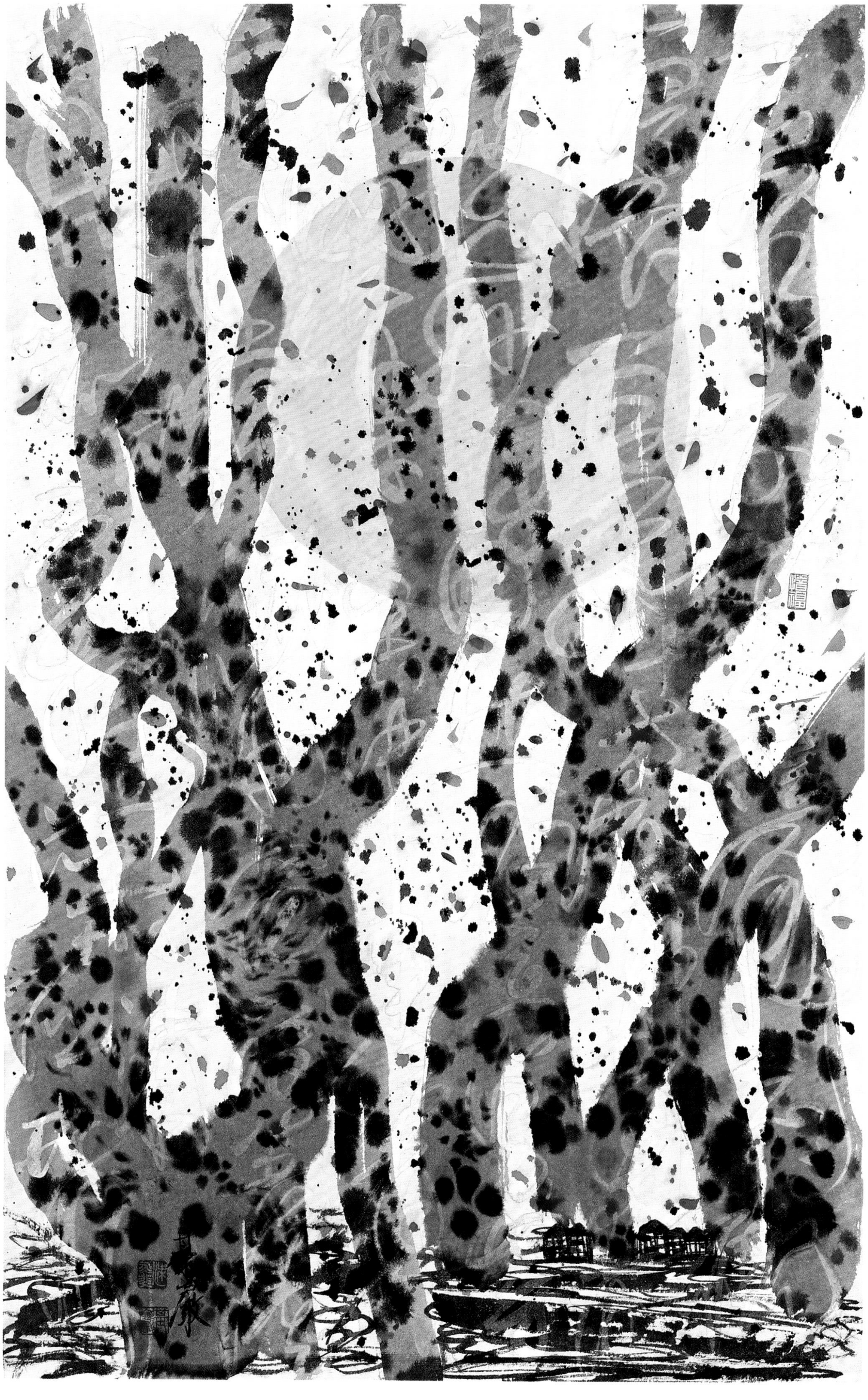

《月撫群生》 80 × 46 cm

《日日東升》 64 × 60 cm
錄自唐懷仁聖教序集聯

《紅月森林》 62 × 62 cm
錄自大乘本生心地觀經

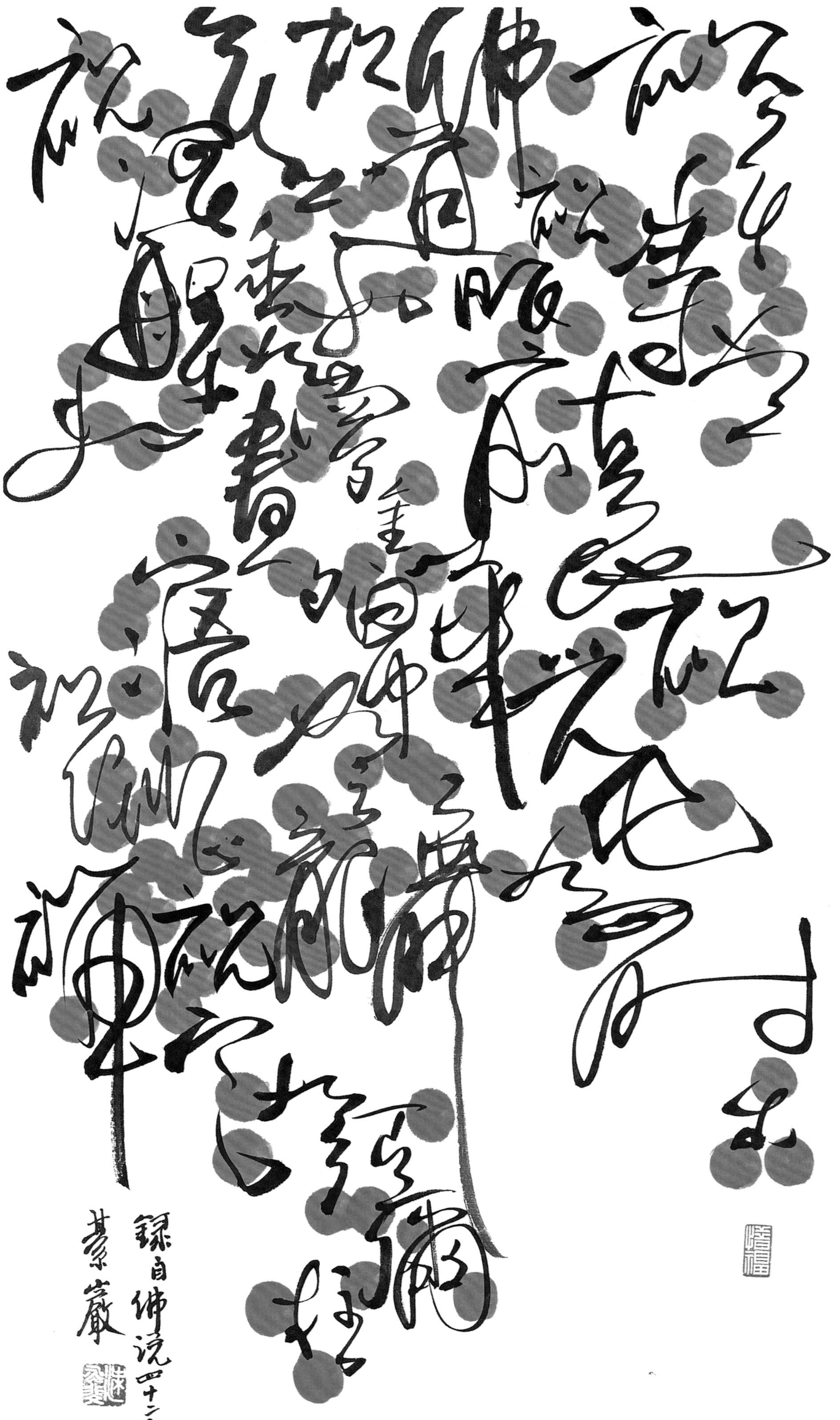

《吉利吉祥》60 x 35 cm

佛說四十二章經—

視無上乘。如夢中帛。視佛道。如眼前華。視禪定。如須彌柱。視涅槃。如晝夕寤。

視倒正。如六龍舞。視平等。如一真地。視興化。如四時木

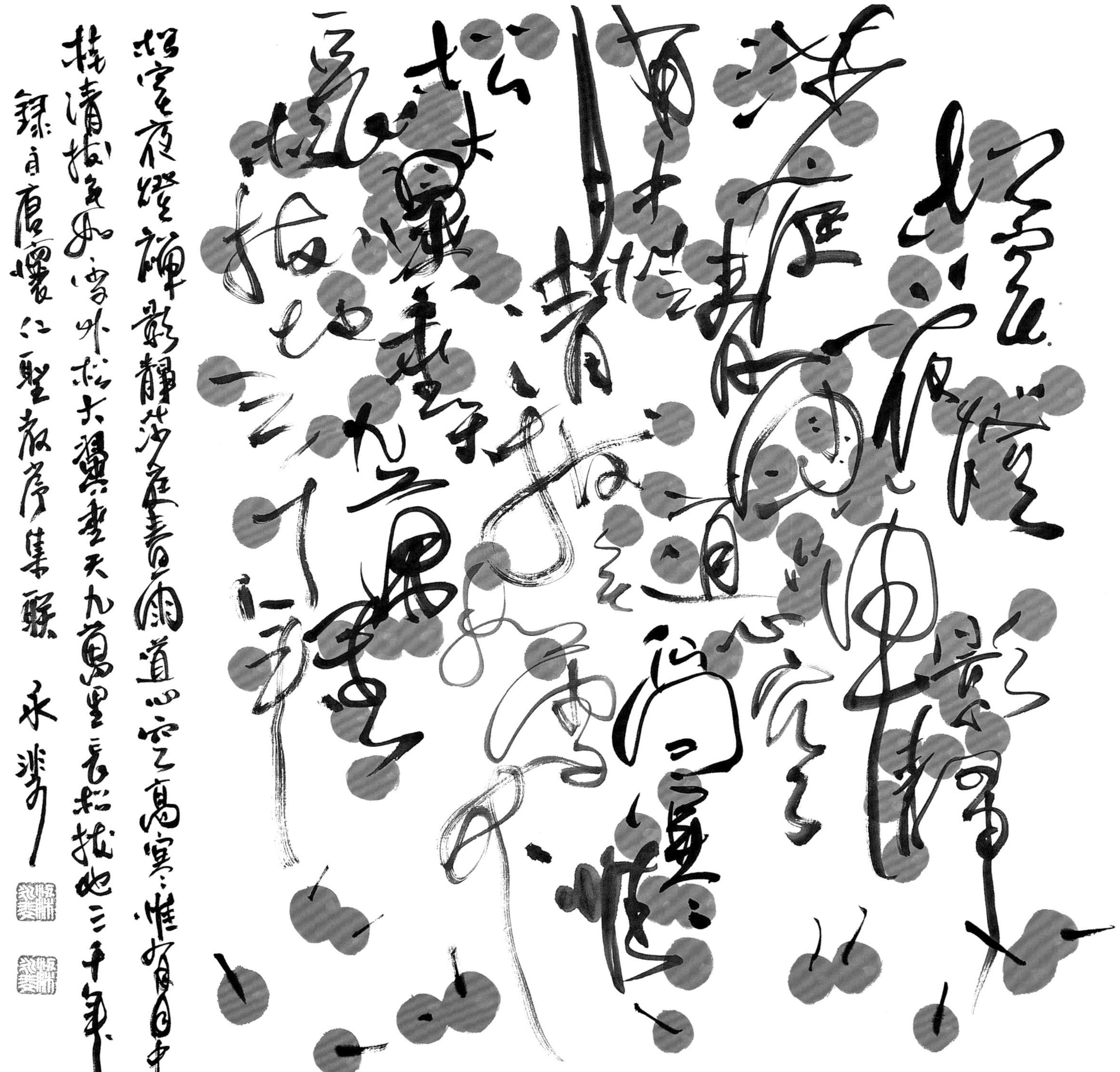

《吉利圓滿》 60 × 60 cm
錄自唐懷仁聖教續集聯

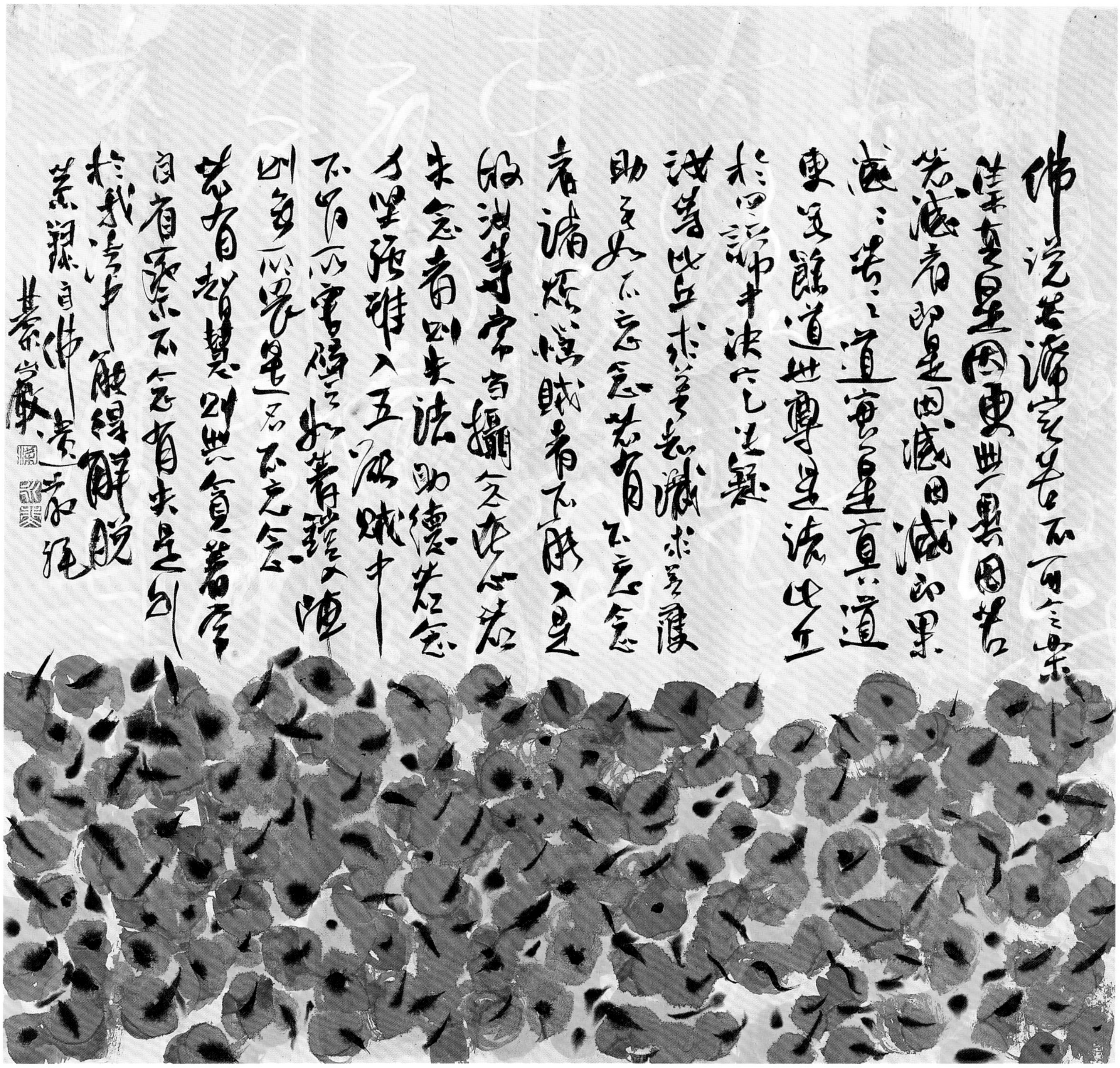

《吉利豐收》 60 × 60 cm
錄自佛遺教經

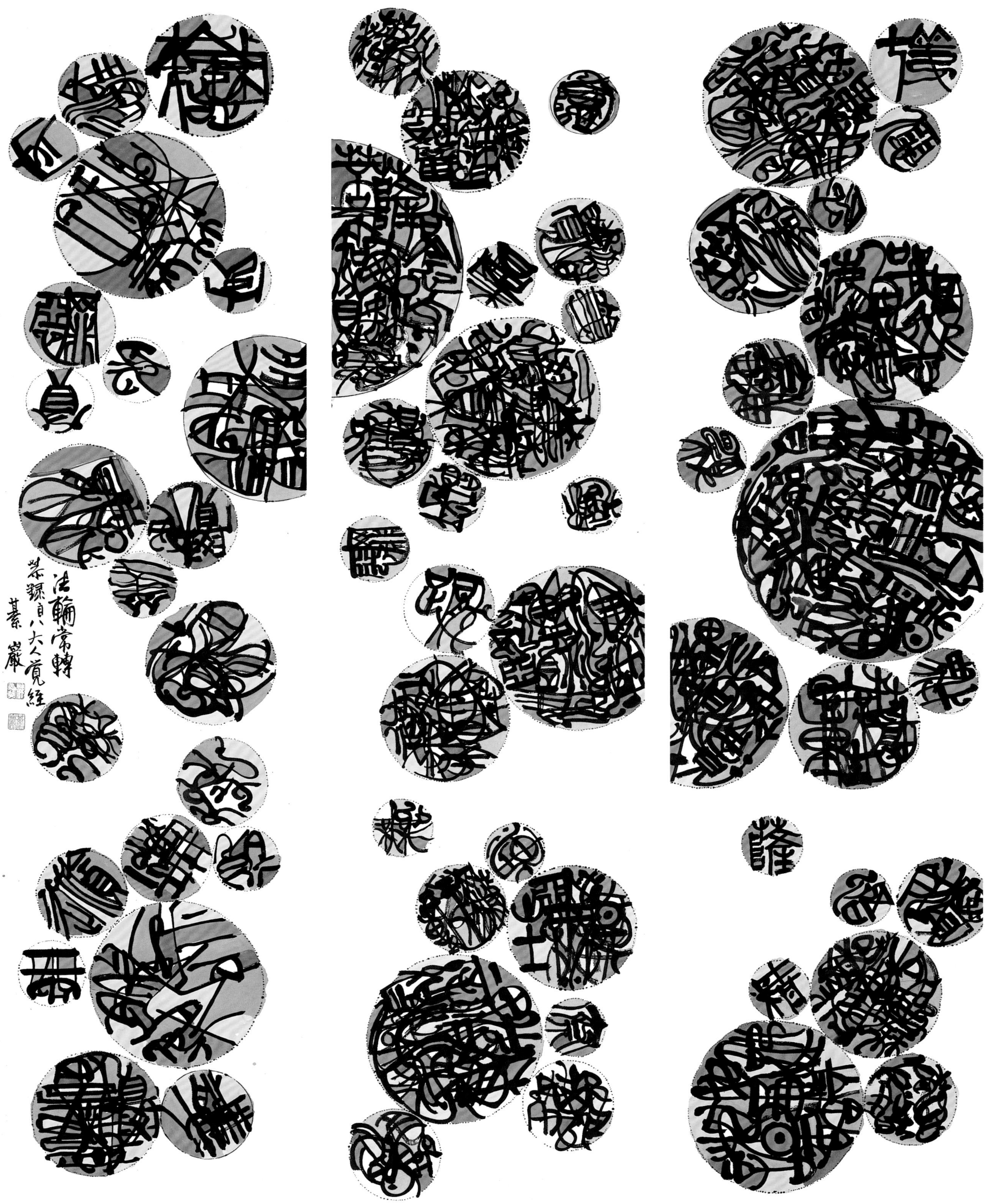

《法輪常轉》 金文篆書六屏 180 × 45 cm × 6
錄自八大人覺經

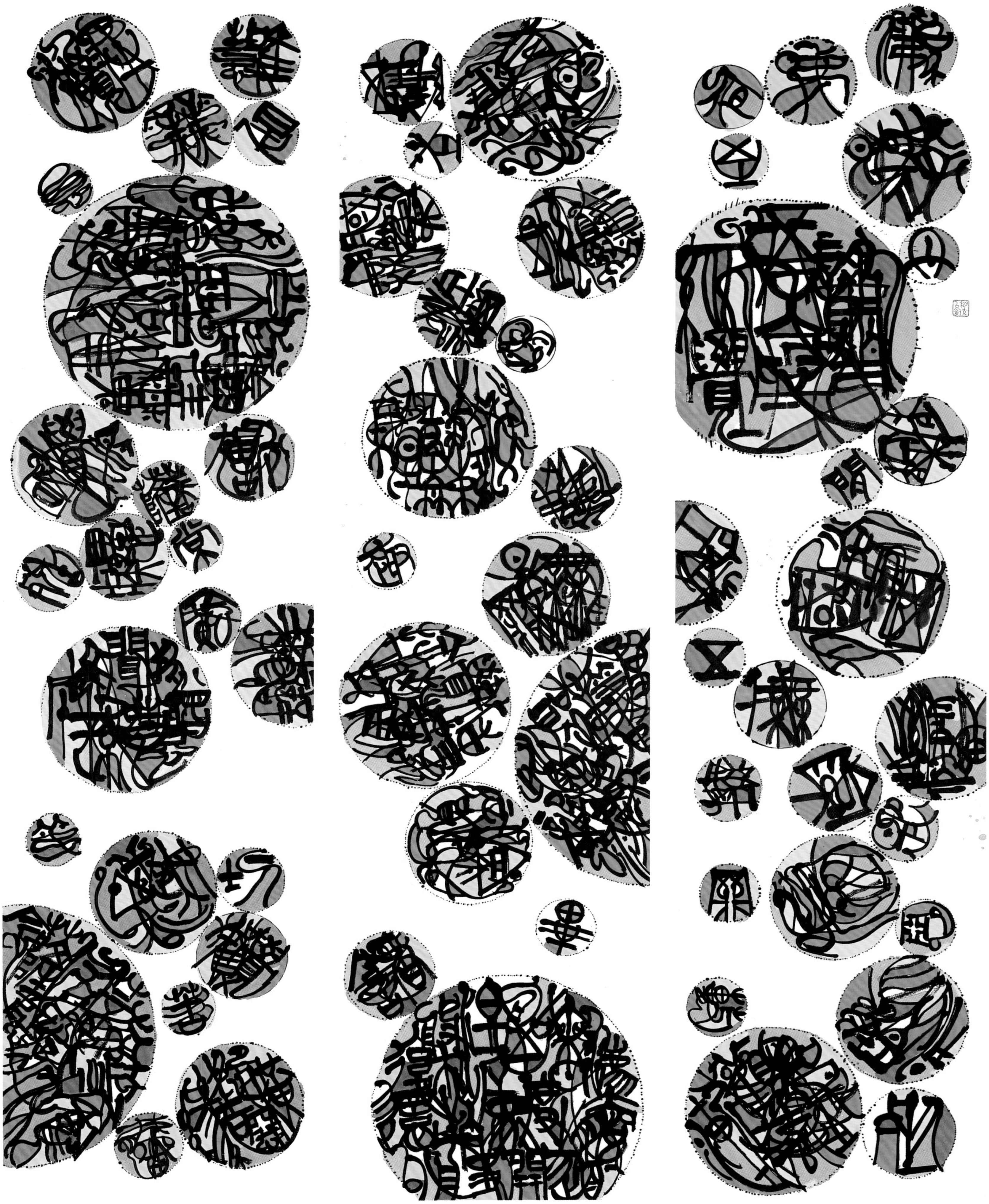

《鴻運當頭》 46 × 46 cm
錄自佛學常用詞彙

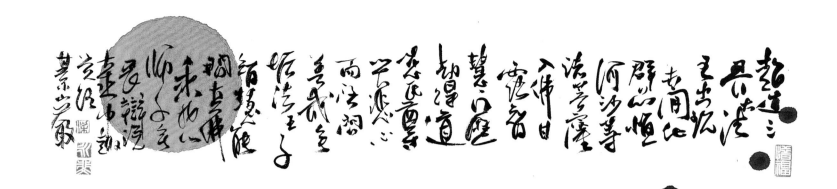

《日耀山河》46 × 46 cm
錄自大乘本生心地觀經

《微笑暖日》 68 × 70 cm
錄自大乘本生心地觀經

《繽紛山林》62 × 46 cm
錄自大方廣佛華嚴經普門行願品

華嚴
佛
行偈善逝
音皆隨順圓滿
生等佛道
根相回向
嘛貢蒼音
輪煩菩
頌亦轉法
菩薩請求
禮讚供
生之有
產如利益
願恆久住剎
勸請惟而
妥至諴而
元子世懺我
佛志輪滴
妙志輪滴
轉法魚之
勸請
我之一切智

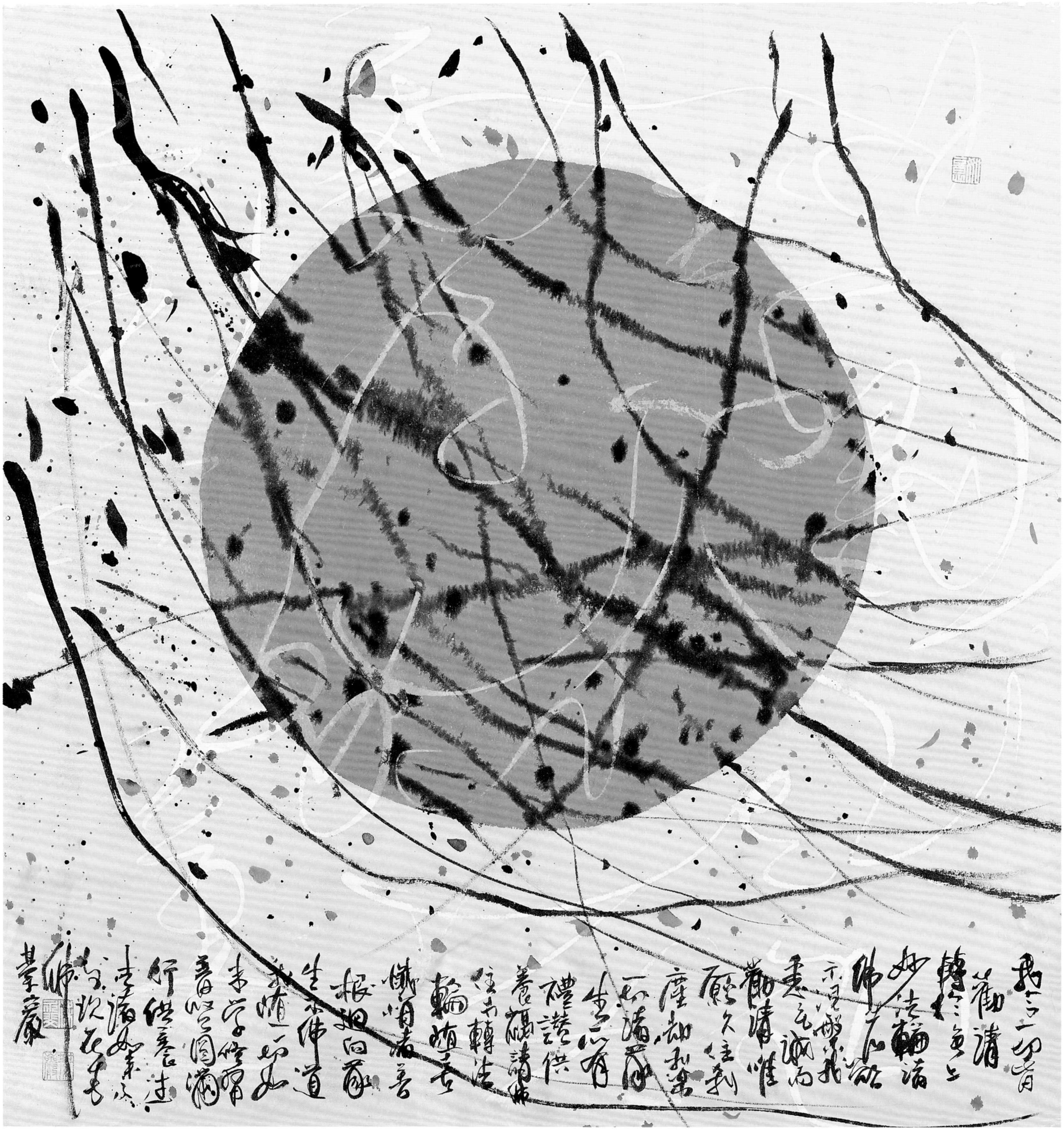

《月光舞曲》78 × 72 cm
錄自大方廣佛華嚴經普賢行願品

《日昇大地》 88 × 70 cm
錄自大乘本生心地觀經

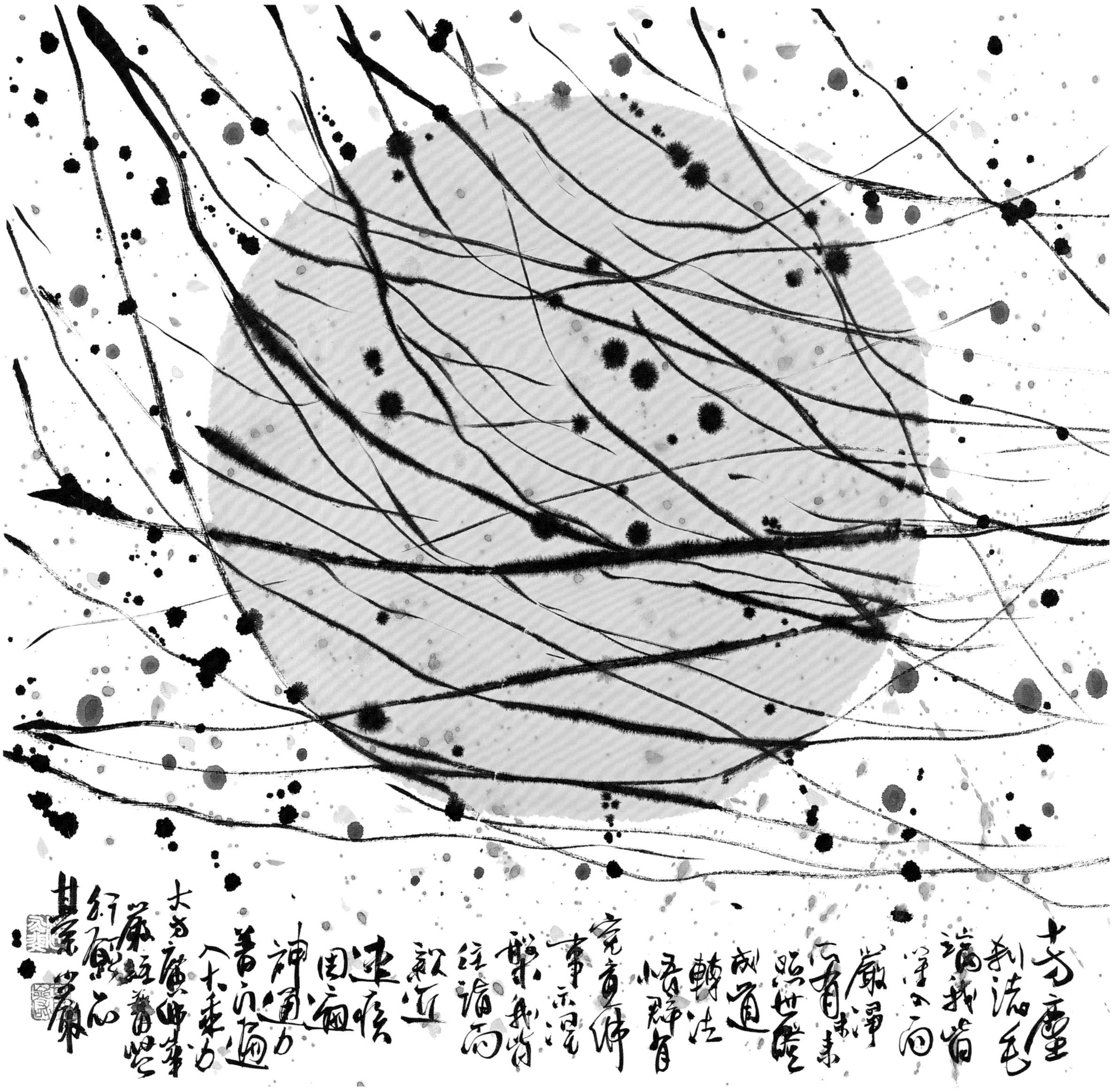

《清涼月境》46 × 46 cm
錄自大方廣佛華嚴經普賢行願品

《妙姿舞日》46 × 46 cm
錄自大方廣佛華嚴經普賢行願品

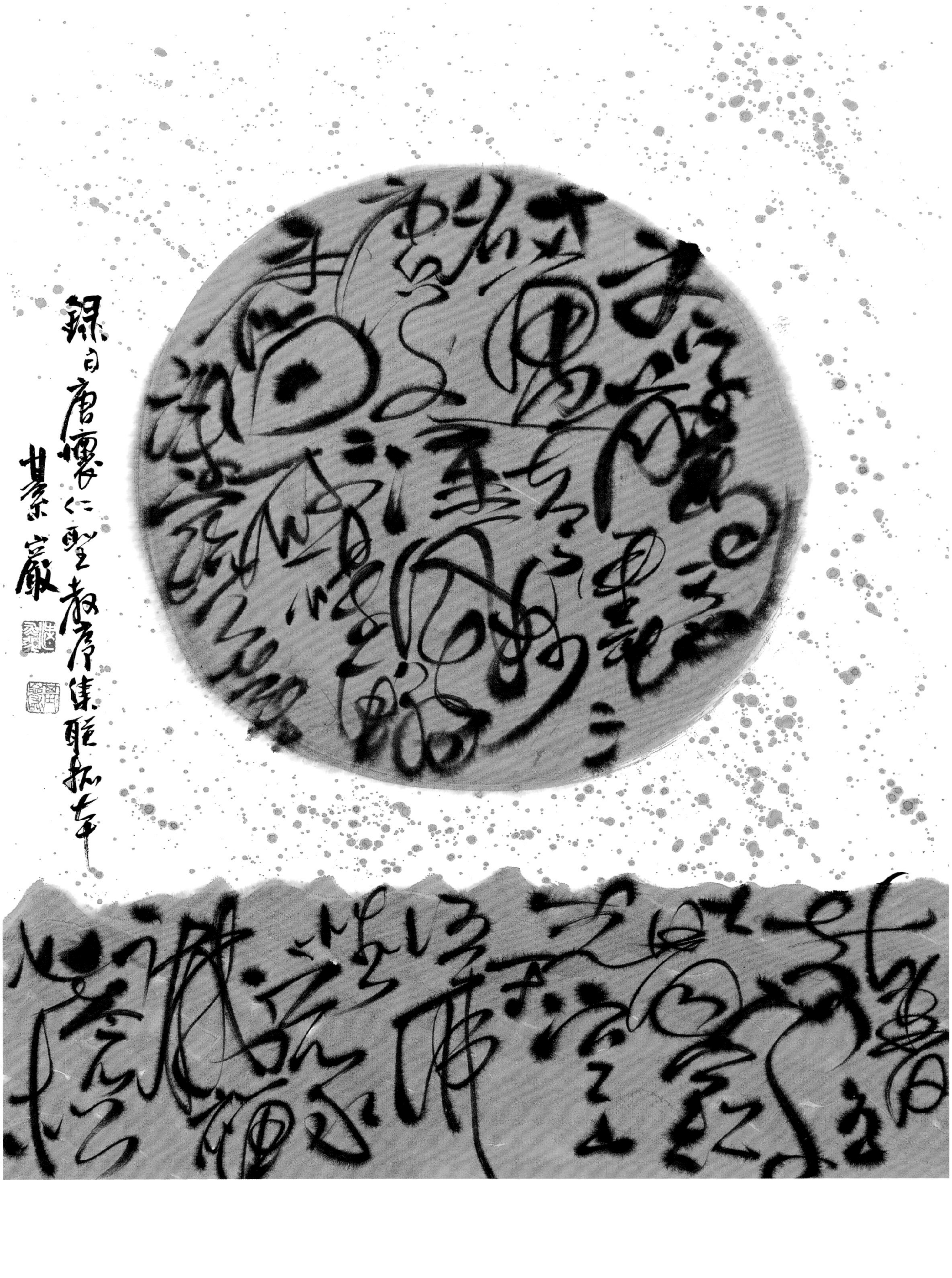

《日映紅山》 60 × 46 cm
錄自唐懷仁聖教序集聯

《日月山林》62 × 46 cm
錄自大方廣佛華嚴經普賢行願品

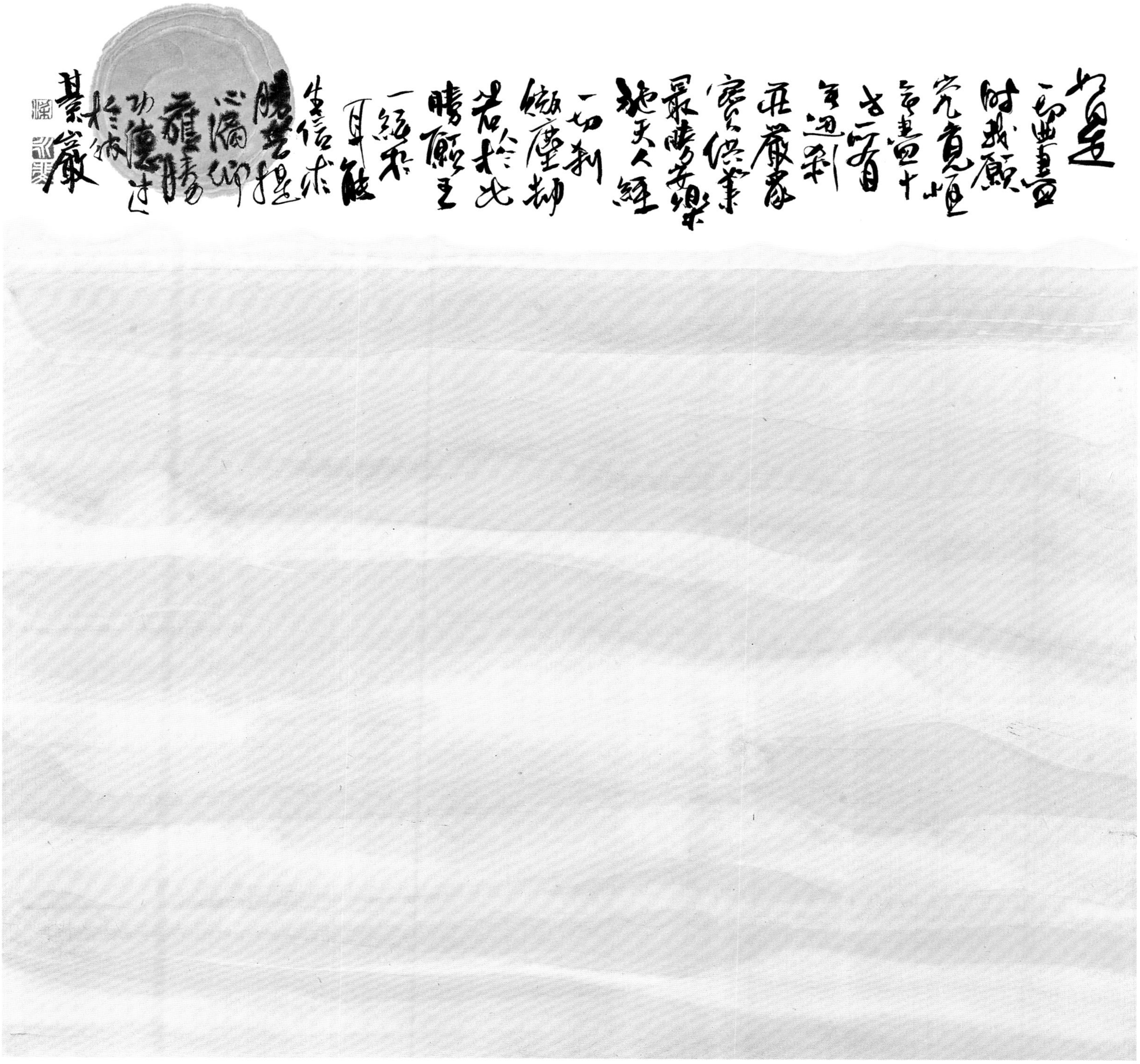

《圓滿大地》 46 × 46 cm
錄自普賢行願品

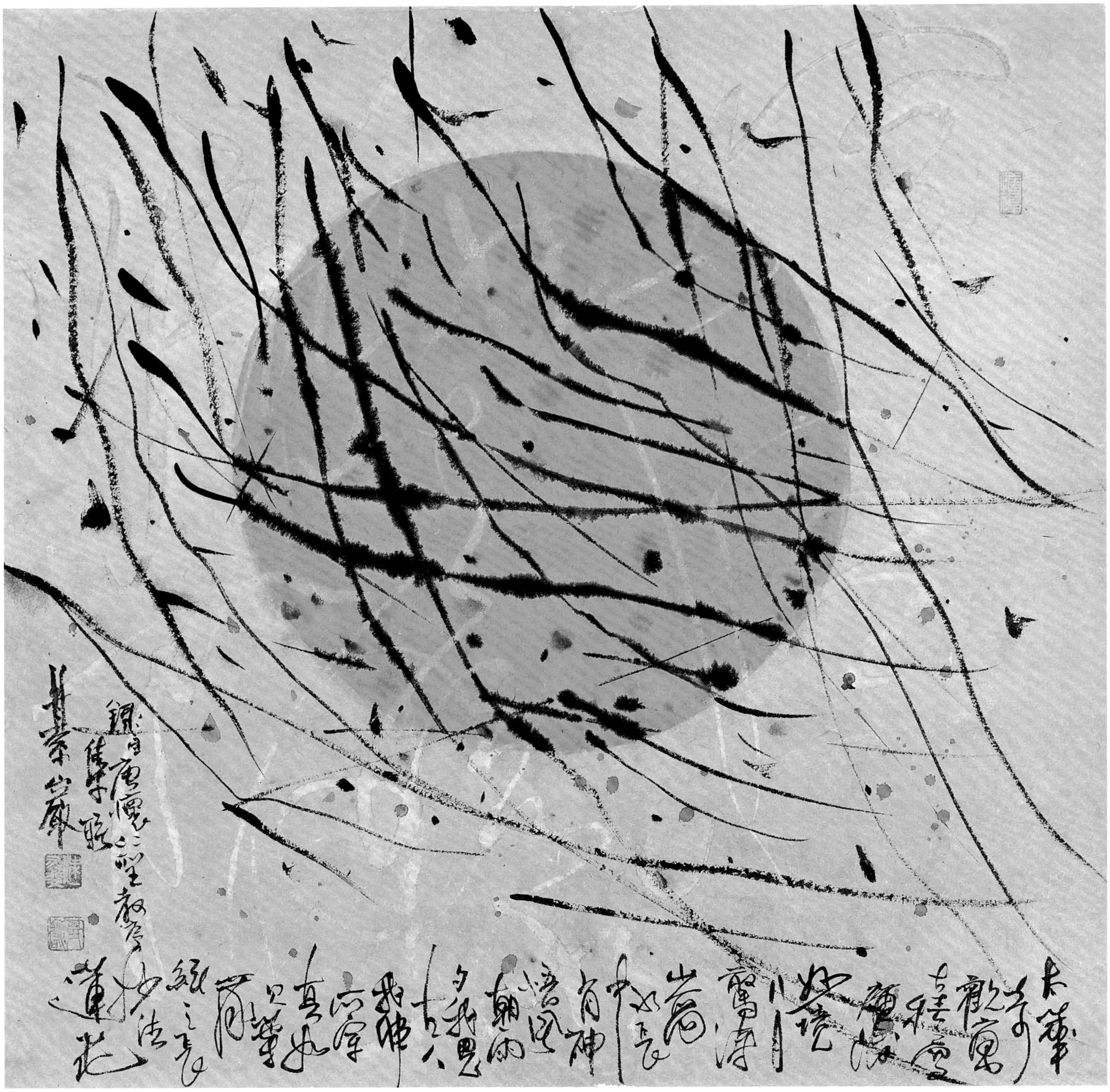

《月柳共舞》50 × 50 cm
錄自唐懷仁聖教序集聯

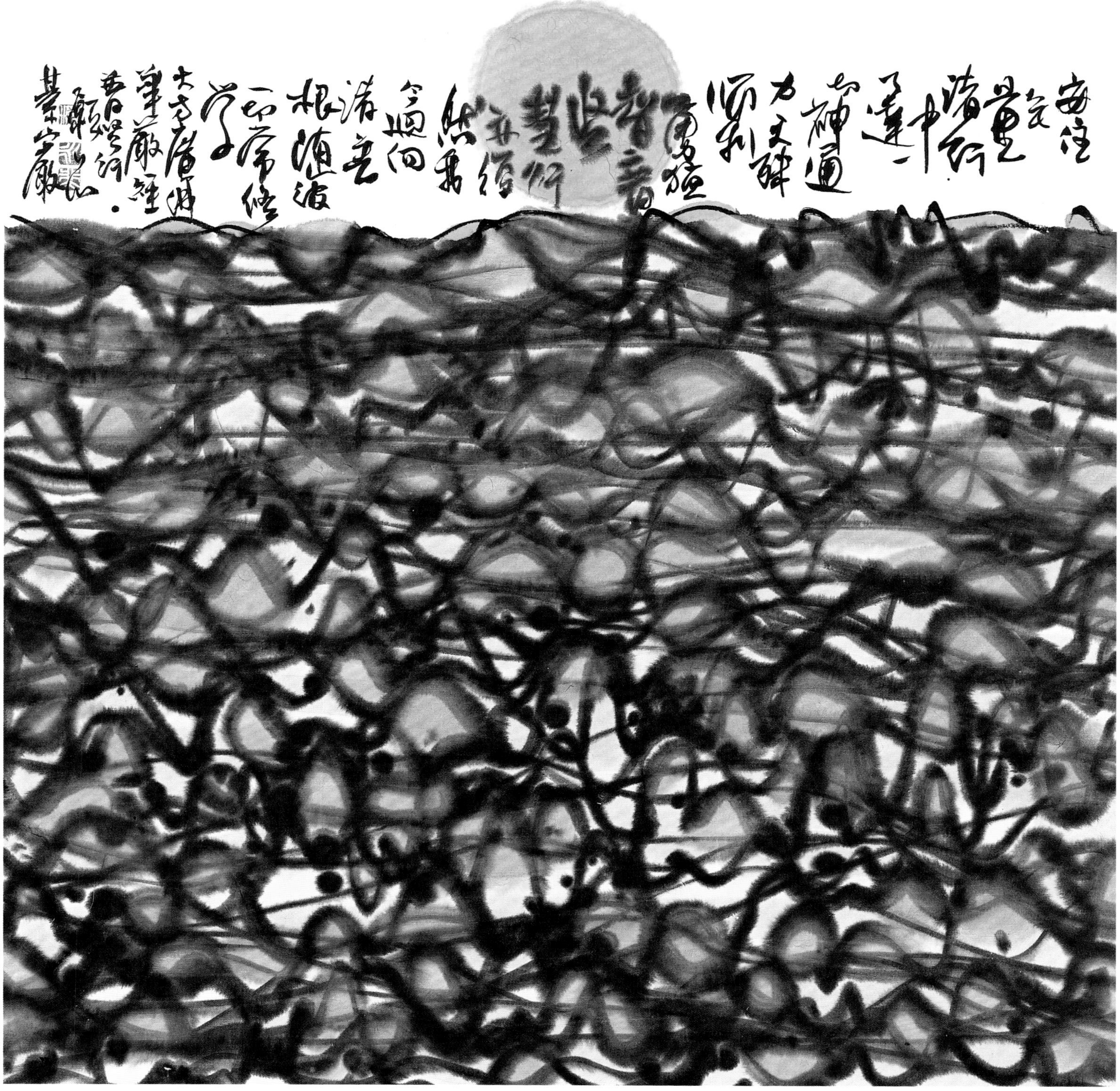

《大地共鳴》46 × 46 cm
錄自大方廣佛華嚴經

《日出山頭》 46 × 46 cm
錄自大寶積經

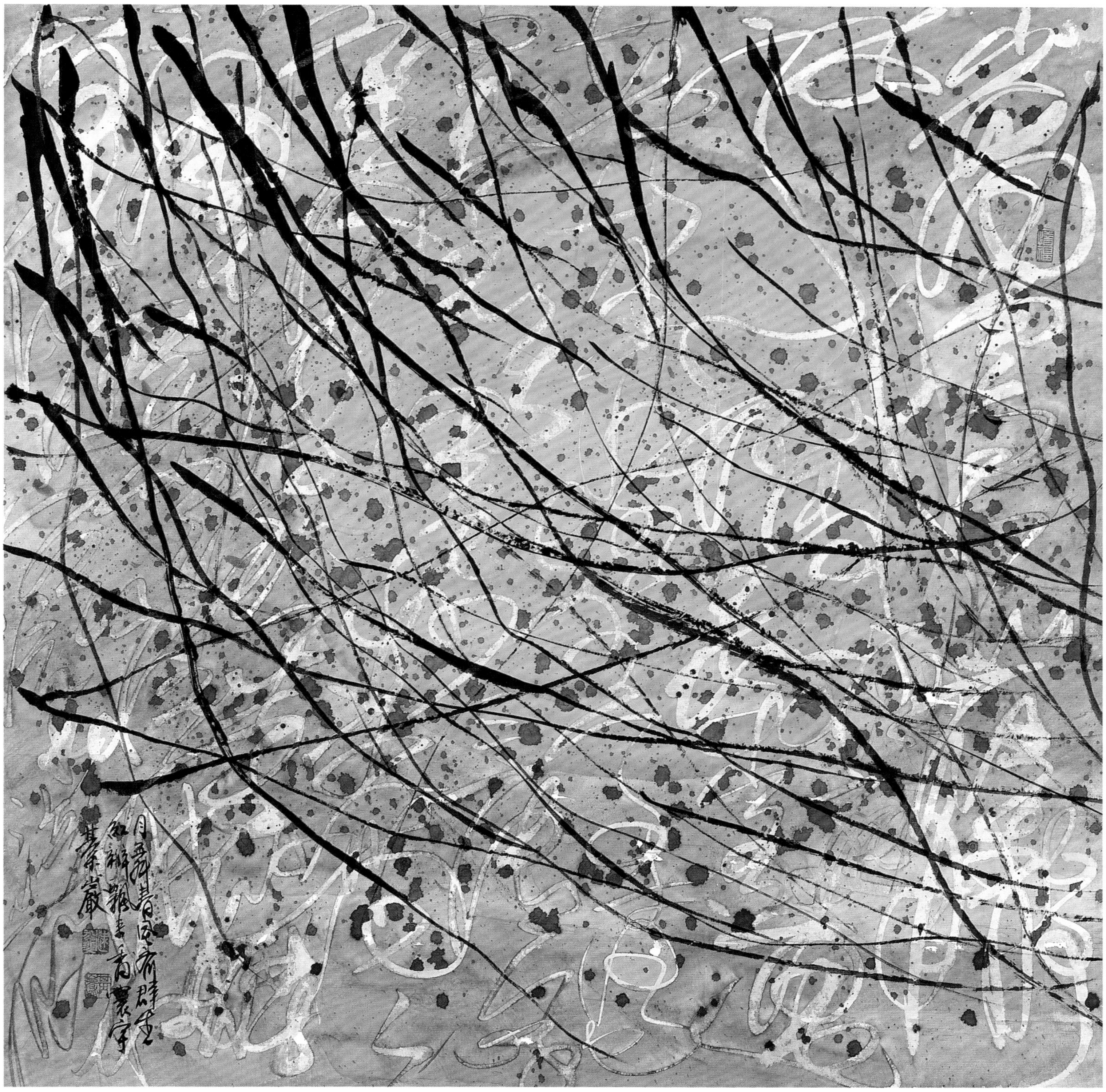

《紅花映月》 70 × 68 cm

月舞春風濟群生　紅瓣飄來香寰宇

《思我故鄉一》佛家語 行書 140 × 25 cm

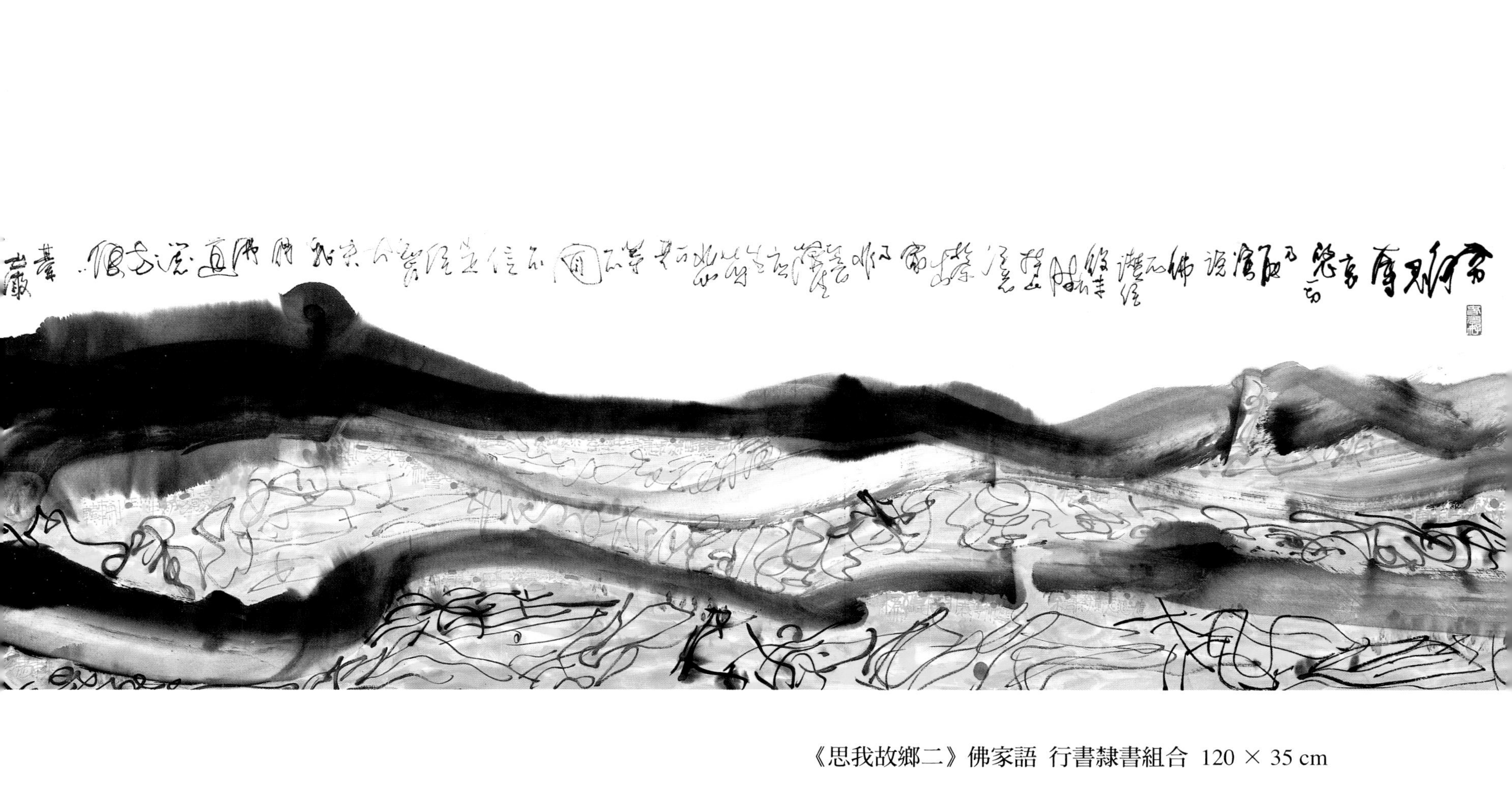

《思我故鄉二》佛家語 行書隸書組合 120 × 35 cm

《故鄉》 69 × 50 cm

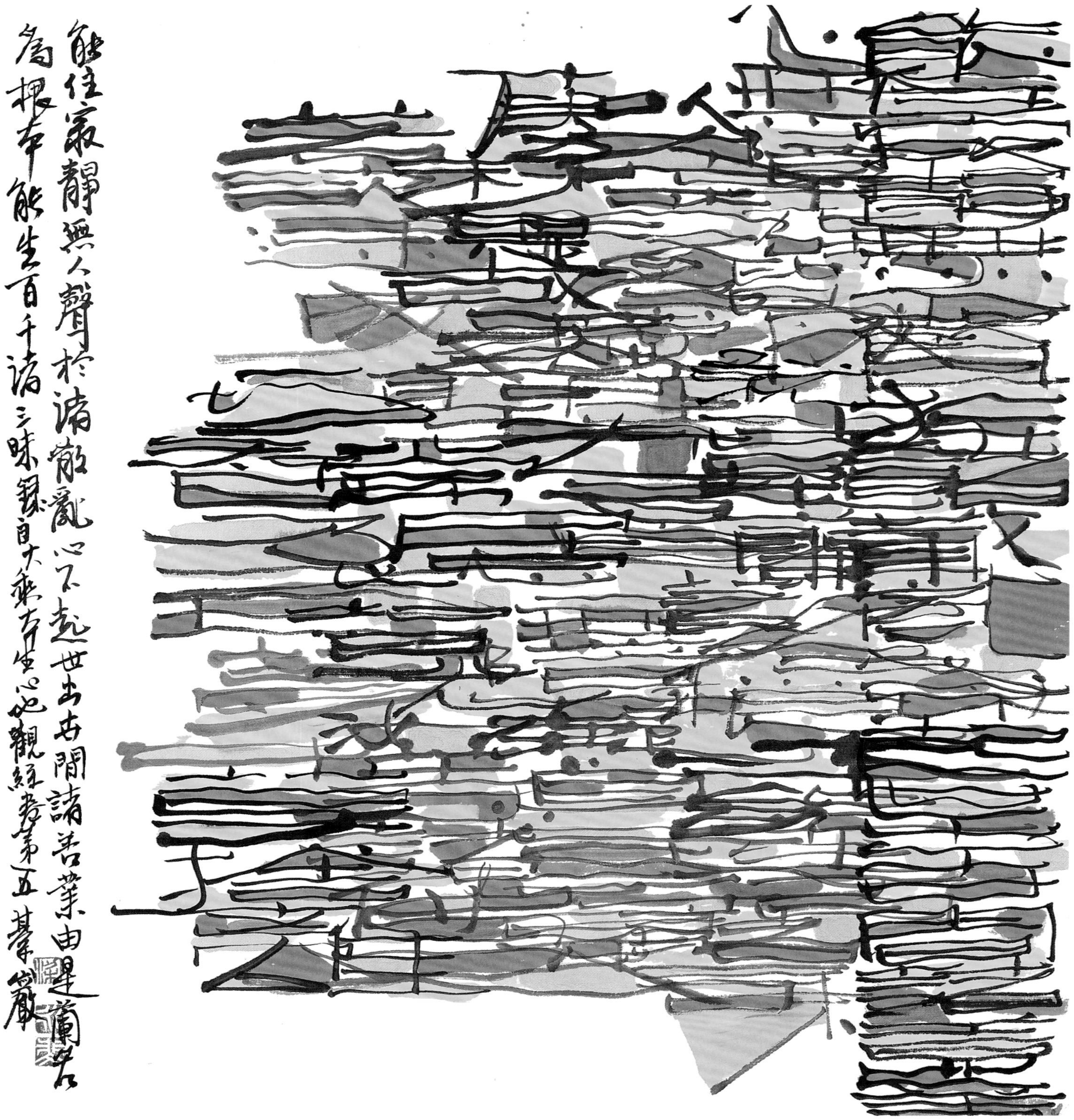

《鄉村》 變隸46 × 46 cm

大乘本生心地觀經—
能住寂靜無人聲，於諸散亂心不起，世出世間諸善業，
由是蘭若為根本，能生百千諸三昧……

國家圖書館出版品預行編目資料

書藝無界. .II：梁永斐書藝創作集　梁永斐著.
—新北市：梁永斐, 2020. 03
面；　公分

ISBN 978-957-43-7563-9（精裝）

1.書藝　2.作品集

943.5　　109003753

書藝無界(II)/梁永斐書藝創作集

Liang Yung-Fei <Calligraphy Art unbounded Part 2>

發 行 人：梁永斐
著 作 人：梁永斐
出 版 者：梁永斐
地址：新北市板橋區金門街163號11樓
贊 助 者：郭國華
封面題字：李奇茂
執行編輯：宋美英・鄭明毓
攝　影：林文正・林國清
設計印刷：林群廣告印刷事業有限公司
地址：臺北市敦化北路145巷21號4樓
電話：(02) 27131268
定　價：新臺幣800元整
出版日期：2020年4月